쓱싹 시리즈 7

쓱 하고
싹 배우는

포토
스케이프X

저자 김성희

YoungJin.com Y.
영진닷컴

쓱 하고 싹 배우는
포토스케이프 X

401, STX-V Tower 128, Gasan digital 1-ro, Geumcheon-gu, Seoul, Republic of Korea.

All rights reserved. First published by Youngjin.com. in 2020. Printed in Korea

ISBN 978-89-314-6326-2

독자님의 의견을 받습니다

이 책을 구입한 독자님은 영진닷컴의 가장 중요한 비평가이자 조언가입니다. 저희 책의 장점과 문제점이 무엇인지, 어떤 책이 출판되기를 바라는지, 책을 더욱 알차게 꾸밀 수 있는 아이디어가 있으면 이메일. 또는 우편으로 연락주시기 바랍니다. 의견을 주실 때에는 책 제목 및 독자님의 성함과 연락처(전화번호나 이메일)를 꼭 남겨 주시기 바랍니다. 독자님의 의견에 대해 바로 답변을 드리고, 또 독자님의 의견을 다음 책에 충분히 반영하도록 늘 노력하겠습니다.

이메일 : support@youngjin.com
주 소 : 서울특별시 금천구 가산디지털1로 128 STXV타워 4층 401호
등 록 : 2007. 4. 27. 제16-4189호

STAFF

저자 김성희 | **기획** 기획 1팀 | **총괄** 김태경 | **진행** 김연희 | **디자인** 박지은 | **편집** 박지은, 김소연
영업 박준용, 임용수 | **마케팅** 이승희, 김근주, 조민영, 김예진, 이은정 | **제작** 황장협 | **인쇄** 제이엠

이 책은요!

이미지 편집 프로그램인 포토스케이프 X의 설치 방법부터 크기 조절, 색 보정 등
이미지를 편집하는 다양한 방법을 배워 보세요!

① POINT

챕터에서 배우게 될 내용을 간략하게 소개해요.

② 완성 화면 미리 보기

챕터에서 배우게 되는 예제의 완성된 모습을 미리 만나요.

③ 여기서 배워요!

어떤 내용을 배울지 간략하게 살펴봐요. 배울 내용을 미리
알아 두면 훨씬 쉽고 재미있게 배울 수 있어요.

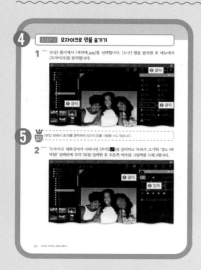

④ STEP

예제를 하나하나 따라 하면서 본격적으로 기능들을 익혀
봐요.

⑤ 조금 더 배우기

본문에서 설명하지 않은 내용 중 중요하거나 알아 두면
좋을 내용들을 알 수 있어요.

⑥ 혼자서도 만들 수 있어요!

챕터에서 배운 내용을 연습하면서 한 번 더 기능을 숙지
해 봐요.

⑦ HINT

문제를 풀 때 참고할 내용을 담았어요.

이 책의 목차

포토스케이프
X 알아보기

무료이면서 쉽게 따라 할 수 있는 사진 편집 프로그램인
포토스케이프 X를 다운받아 설치해 봅니다. 더불어 화면 구성과
사진 뷰어에 대해서도 알아보도록 하겠습니다.

완성 화면
미리 보기

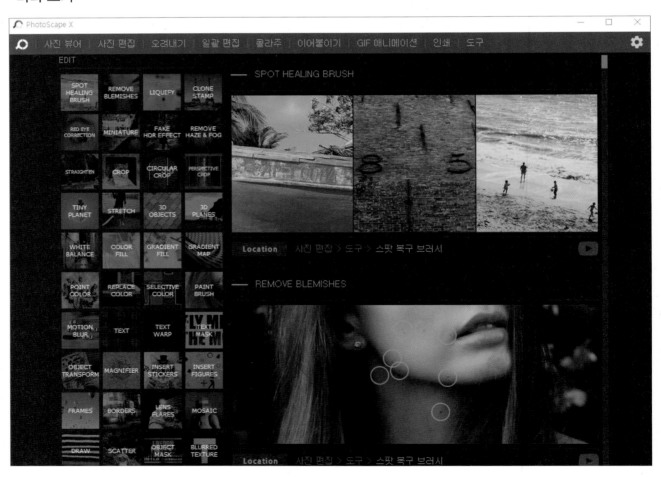

여기서
배워요! 포토스케이프 X 설치, 포토스케이프 X 화면 구성, 사진 뷰어

포토스케이프 X 설치하기

1 ...... 윈도우 작업 표시줄에 있는 [시작(■)] 버튼을 클릭한 후 [Microsoft Store]를 클릭합니다.

 인터넷 브라우저에서 '포토스케이프 X(http://x.photoscape.org/)'를 입력하여 사이트에 접속한 후 설치할 수도 있습니다.

2 ...... 'Microsoft Store' 화면이 나오면 [검색]을 클릭한 후 검색란에 '포토스케이프'를 입력하고 Enter↵ 를 누릅니다.

3 ······ '검색 결과' 화면에서 무료 버전인 [PhotoScape X]를 클릭합니다.

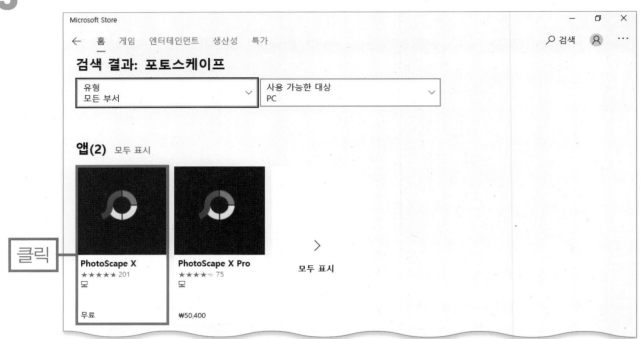

조금 더 배우기 | 윈도우(Windows) 10 버전 이상, 맥(Mac) 운영체제 사용자는 [PhotoScape X]를 설치하여 사용할 수 있습니다.

4 ······ 'PhotoScape X' 설치 화면이 나타나면 [무료]를 클릭합니다.

조금 더 배우기 | Microsoft Store에 로그인이 되어 있지 않다면 로그인 화면이 나타납니다.

5 ..... 다운로드가 완료되면 [실행]을 클릭합니다.

클릭

6 ..... '포토스케이프 X' 프로그램이 실행됩니다.

조금 더
배우기 ┊ [시작](■) 버튼을 클릭한 후 목록에서 [PhotoScape X]를 클릭하여 실행해도 됩니다.

① **[포토스케이프 로고](🔍)** : 기능 설명을 동영상으로 보여 줍니다.

② **사진 뷰어** : 사진을 정렬(파일 크기순, 파일 이름순 등)하고 분류(데이터 종류, 확장자 등)해서 봅니다. 사진의 정보(크기, 용량, 날짜 등)를 확인하며 다양한 화면 보기 방식 (목록 보기, 확대 보기 등)을 제공합니다.

③ **사진 편집** : 사진을 보정, 편집하며 고급 기능(레이어, 프로젝트 저장 등)을 지원합니다.

④ **오려내기** : 자동 지우개/올가미/브러시 기능을 이용해 사진의 특정 부분을 제거합니다.

⑤ **일괄 편집** : 여러 장의 사진을 한꺼번에 변경(자르기, 크기 조절, 색상, 필터, 필름 느낌 등)하여 저장합니다.

⑥ **콜라주** : 여러 장의 사진을 선택한 틀에 넣고 한 장으로 만듭니다.

⑦ **이어붙이기** : 수직/수평/바둑판 형식으로 여러 개 사진을 한 장으로 이어붙이기 합니다.

⑧ **GIF 애니메이션** : 여러 장의 사진을 시간 순서대로 나열하여 움직이는 이미지로 만듭니다.

⑨ **인쇄** : 선택한 규격으로 사진이 인쇄됩니다.

⑩ **도구** : 화면 캡처, 색상 검출, 이름 바꾸기 기능을 제공합니다.

⑪ **[환경 설정](⚙)** : 프로그램 환경 설정(테마, 언어, 매트 색상 등)을 지원합니다.

조금 더 배우기 ┊ 포토스케이프 X의 어두운 배경 색상을 밝게 변경하려면 [환경 설정](⚙)을 클릭한 후 '테마'에서 [어두운 톤]을 클릭한 후 [밝은 톤]을 선택합니다.

사진 뷰어의 다양한 방식으로 사진 보기

1 ‥‥‥ [사진 뷰어] 탭을 클릭하고 왼쪽 탐색 화면에서 다운로드받은 [예제파일]–[1 강]을 차례대로 선택합니다. 폴더의 사진들이 오른쪽 화면에 격자 보기로 표 시됩니다.

2 ‥‥‥ 화면 아래쪽에 [섬네일 이미지 크기 슬라이더]를 오른쪽으로 드래그합니다. 섬네일 이미지 크기가 커진 것을 확인할 수 있습니다.

3 ····· 화면 아래쪽에 [사진 뷰어 〉 설정]( )을 클릭한 후 [파일명 표시]를 클릭하여 [체크]( )합니다. 사진 아래쪽에 파일명이 표시됩니다.

4 ····· 이번에는 화면 위쪽의 [목록]( )을 클릭한 후 필터 방식 목록이 나타나면 [PNG (2)]를 클릭합니다. 사진 중에서 PNG 파일만 나타납니다.

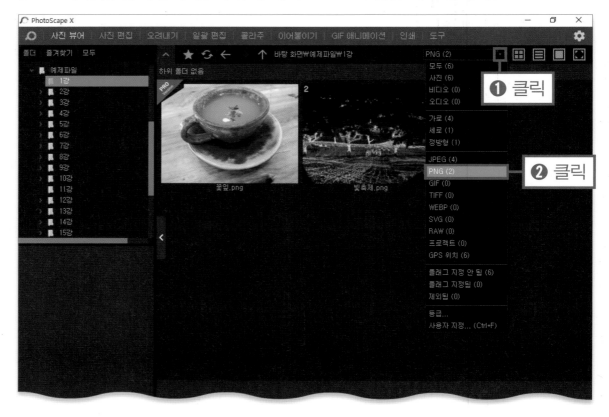

5 ⋯⋯ 사진을 클릭하면 화면 아래쪽에 사진의 정보(크기, 용량, 날짜 등)가 나타납니다. 사진을 전체 화면으로 표시하기 위해 [전체 화면](⬛)을 클릭합니다.

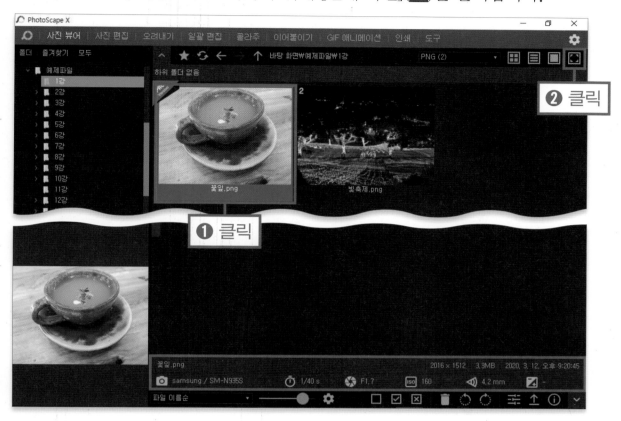

6 ⋯⋯ 사진이 전체 화면으로 나타납니다. [닫기](⊗)를 클릭하면 이전 화면으로 돌아올 수 있습니다.

Esc 를 눌러도 전체 화면에서 이전 화면으로 표시할 수 있습니다.

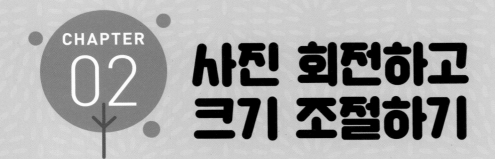

CHAPTER 02 사진 회전하고 크기 조절하기

POINT

사진을 다양한 방식으로 회전하고 크기를 조절하는
방법에 대해 알아보도록 하겠습니다.

완성 화면
미리 보기

여기서
배워요! 사진 회전하고 저장하기, 원하는 각도로 회전하기, 수평 맞추기, 크기 조절하기

사진 회전하고 저장하기

1 ‥‥‥ ‘포토스케이프 X’ 프로그램을 실행합니다. [사진 편집] 탭을 클릭한 후 왼쪽 탐색 화면에서 [예제파일]–[2강] 폴더를 차례대로 클릭한 다음 [스쿠버다이 빙.jpg]를 선택합니다.

2 ‥‥‥ [편집] 탭의 메뉴에서 [시계 방향 90도 회전](🔄)을 클릭합니다.

3 ····· 이번에는 [좌우 뒤집기](█)를 클릭합니다. 수정된 사진을 저장하기 위해 [저장]을 클릭합니다.

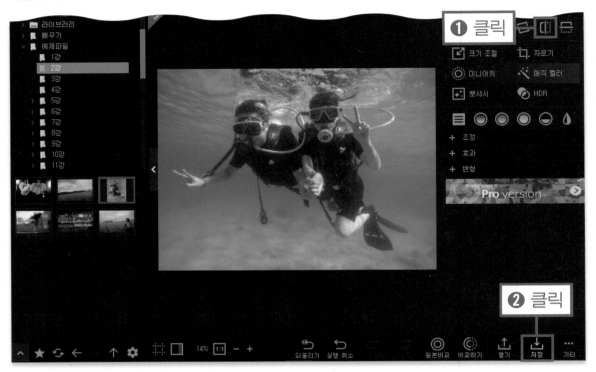

4 ····· '저장' 대화상자가 나타나면 [원본 사진을 백업합니다]에 [체크](☑)되어 있는지 확인한 후 [저장]을 클릭합니다.

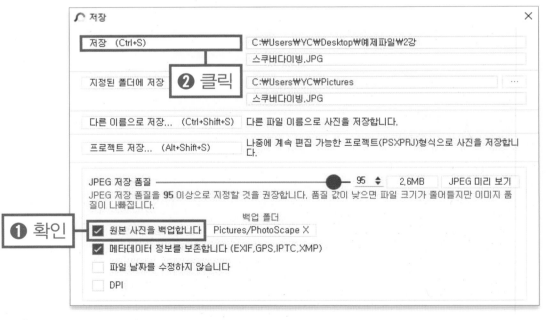

원본 사진은 'Pictures/PhotoScape X/backup—yyyy—mm—dd(저장한 날짜)' 폴더에 저장됩니다.

원하는 각도로 회전하기

1 ..... [2강] 폴더에서 [엄마랑나랑.jpg]를 선택합니다. 원하는 각도로 회전하기 위해 [사진 편집] 탭-[편집] 메뉴에서 [회전]( )을 클릭합니다.

2 ..... '회전' 대화상자가 나타나면 '각도' 입력란에 '-5'를 입력합니다. 사진이 회전하면서 생긴 여백을 단색으로 채우기 위해 '배경'에서 [단일색상]( )을 클릭합니다. '단일색상' 대화상자가 나타나면 마음에 드는 색상을 클릭합니다.

 조금 더 배우기   '각도' 입력란에 '5'를 입력하면 시계 방향으로 5도만큼 사진이 회전되고 '-5'를 입력하면 반시계방향으로 5도만큼 사진이 회전됩니다.

3 ······ 사진이 반시계방향으로 5도 회전하면서 생긴 여백에 선택한 색상이 채워지는 것을 확인할 수 있습니다. [적용]을 클릭한 후 [저장]을 클릭하여 수정한 사진을 저장합니다.

STEP 3 **수평 맞추기**

1 ······ [2강] 폴더에서 [바다.jpg]를 선택합니다. [편집] 탭의 메뉴에서 [수평 맞추기] (⬚)를 클릭합니다.

2 ····· '수평 맞추기' 대화상자에서 [각도 슬라이더]를 오른쪽으로 드래그하여 수평을 맞춘 후 [적용]을 클릭합니다. [저장]을 클릭하여 수정한 사진을 저장합니다.

'각도' 입력란에 직접 입력하여 조절할 수도 있습니다.

STEP 4 **크기 조절하기**

1 ····· [2강] 폴더에서 [칵테일바.jpg]를 선택합니다. [편집] 탭의 메뉴에서 [크기 조절]을 클릭합니다.

2 ······ '크기 조절' 대화상자가 나타나면 [가로 : 세로 비율 유지]에 [체크](✅)되어 있는지 확인한 후 '가로 폭 (px)' 입력란에 '3000'을 입력합니다. 원본 크기와 결과 크기를 살펴보면 '6000 × 4000'에서 '3000 × 2000'으로 크기가 줄어든 것을 확인할 수 있습니다. [적용]을 클릭한 후 [저장]을 클릭하여 수정한 사진을 저장합니다.

- [가로:세로 비율 유지]에 [체크](✅)되어 있다면 가로나 세로 중 하나 값만 입력해도 나머지 값이 자동으로 변경되어 비율 유지가 됩니다.
- [프리셋...]을 클릭하면 나오는 '크기 조절 – 비율' 메뉴에서 [1/2]을 클릭해도 '3000 × 2000'으로 크기를 줄일 수가 있습니다.

혼자서도 만들 수 있어요!

1 [예제파일]-[2강] 폴더에서 [작은꽃.jpg]를 불러온 후 왼쪽과 오른쪽을 교체해 보세요.

 >>

HINT [편집] 탭 메뉴에서 [좌우 뒤집기]를 클릭

2 [예제파일]-[2강] 폴더에서 [흔들리는 배.jpg]를 불러온 후 수평을 맞춰 보세요.

 >>

HINT [편집] 탭 메뉴에서 [수평 맞추기]를 클릭 → [각도 슬라이더]를 오른쪽으로 드래그하여 조절

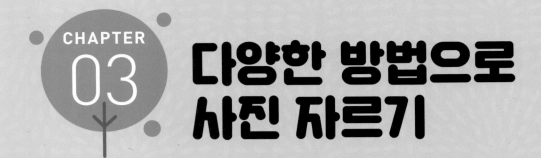

CHAPTER 03 다양한 방법으로 사진 자르기

POINT

사진을 자유롭게 자르는 방법과 원형, 원근으로 자르는 방법에 대해 알아봅니다.
더불어 배경을 투명하게 저장하는 방법에 대해서도 알아보도록 하겠습니다.

완성 화면 미리 보기

여기서 배워요! 자유롭게 자르기, 원 자르고 투명 배경 저장하기, 원근 자르기

자유롭게 자르기

1 ˙˙˙˙˙ '포토스케이프 X' 프로그램을 실행합니다. [예제파일]–[3강] 폴더에서 [마카론.jpg]를 선택한 후 [사진 편집] 탭–[편집] 메뉴에서 [자르기]를 클릭합니다.

2 ˙˙˙˙˙ '자르기' 대화상자가 나타나면 [자유롭게 자르기]를 선택합니다. 아래의 그림처럼 마카롱을 드래그하여 선택한 후 [자르기]를 클릭합니다.

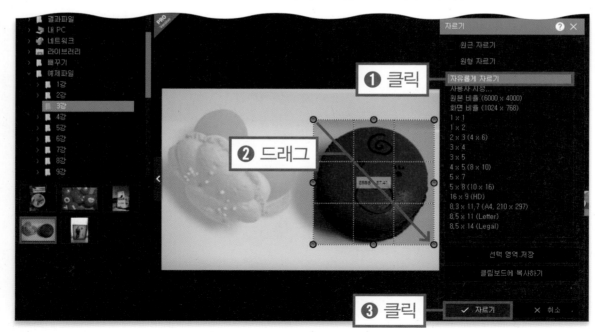

 [선택 영역 저장]을 클릭하면 바로 저장이 가능합니다.

3 ····· 선택한 부분만 나타나는 것을 확인할 수 있습니다. [저장]을 클릭하여 수정한 사진을 저장합니다.

STEP 2 **원형으로 자르고 배경을 투명하게 저장하기**

1 ····· [3강] 폴더에서 [조식.jpg]를 선택한 후 [자르기]를 클릭합니다.

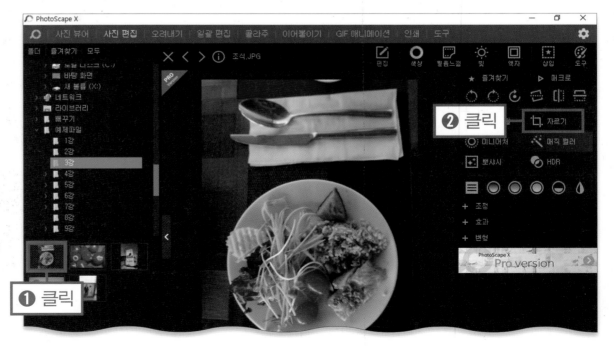

2 [자유롭게 자르기]가 선택된 상태에서 [원형 자르기]를 클릭하여 [체크](☑)합니다. [투명 배경](▨)을 클릭하고 그림에 맞춰 드래그한 후 [자르기]를 클릭합니다.

조금 더 배우기 그림에 맞춰서 드래그되지 않았다면 선택된 자르기 부분을 드래그해서 알맞게 조절하도록 합니다.

3 선택한 부분만 나타나는 것을 알 수 있습니다. 배경이 투명한 사진으로 저장하기 위해 [저장]을 클릭합니다.

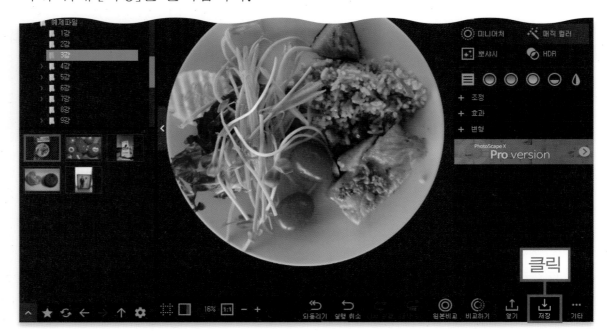

4 ...... '저장' 대화상자가 나타나면 [다른 이름으로 저장]을 클릭합니다. 원하는 저장 위치를 선택하고 '파일 이름' 입력란에 '조식 완성'을 입력합니다. '파일 형식' 목록을 클릭하여 [PNG (*.png)]를 선택한 후 [저장]을 클릭합니다.

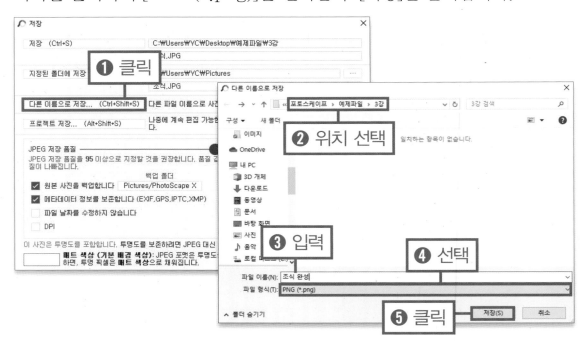

조금 더 배우기

JPG와 PNG의 차이점 알아보기

JPG(JPEG)로 저장하고 합성한 결과	PNG로 저장하고 합성한 결과
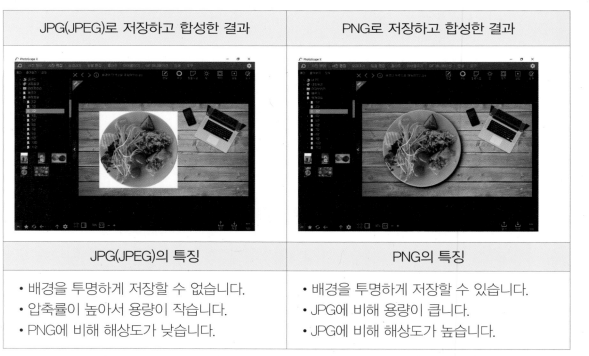	
JPG(JPEG)의 특징	**PNG의 특징**
• 배경을 투명하게 저장할 수 없습니다. • 압축률이 높아서 용량이 작습니다. • PNG에 비해 해상도가 낮습니다.	• 배경을 투명하게 저장할 수 있습니다. • JPG에 비해 용량이 큽니다. • JPG에 비해 해상도가 높습니다.

원근으로 자르기

1 ...... [3강] 폴더에서 [결혼사진.jpg]를 선택합니다. [편집] 탭의 [자르기]를 클릭합니다.

2 ...... '자르기' 대화상자가 나타나면 [원근 자르기]를 클릭하여 [체크](☑)합니다.

3 ····· [조절점]()을 드래그하여 아래의 그림처럼 배치하고 [자르기]를 클릭합니다.

4 ····· 사진이 원하는 형태로 잘린 것을 확인할 수 있습니다. [저장]을 클릭하여 저장합니다.

혼자서도 만들 수 있어요!

1 [예제파일]–[3강] 폴더에서 [풍선.jpg]를 불러온 후 원형으로 자르고 무늬가 있는 배경으로 채워 보세요.

> [편집] 탭 메뉴에서 [자르기]를 클릭 → [자유롭게 자르기]를 클릭한 후 [원형 자르기]에 [체크](✔)
> → [패턴이 들어간 배경]을 클릭 → 마음에 드는 패턴과 색상을 선택한 후 [확인]을 클릭 → 드래그
> 한 후 [자르기]를 클릭

2 [예제파일]–[3강] 폴더에서 [대변항.jpg]를 불러온 후 입간판을 원근으로 자르기 해 보세요.

> [편집] 탭 메뉴에서 [자르기]를 클릭 → [자유롭게 자르기]를 클릭한 후 [원근 자르기]에 [체크](✔) →
> [조절점](⊙)을 입간판에 맞게 배치 → [자르기]를 클릭

CHAPTER 04

인물 보정하기 1
얼굴 다듬기

POINT

이번 강에서는 점 제거, 눈 크게 키우기 등
얼굴 다듬기에 대해 알아보도록 하겠습니다.

완성 화면
미리 보기

여기서
배워요! 점 제거하기, 턱 갸름하게 하기, 눈 크게 키우기, 얼굴 뽀샤시하게 하기

점 제거하기

1 ...... '포토스케이프 X' 프로그램을 실행합니다. [예제파일]−[4강] 폴더에서 [둘이서.jpg]를 선택합니다. 사진을 확대하기 위해 화면 아래쪽의 [확대](+)를 여러 번 클릭합니다.

2 ...... 하단에 '내비게이터' 창이 나타나면 왼쪽으로 드래그해 남자 얼굴이 보이도록 합니다.

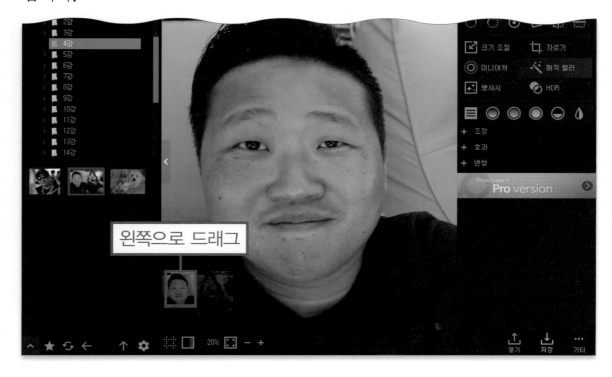

3 ..... [도구] 탭을 클릭합니다. '도구' 창이 나타나면 [점(얼룩) 제거]를 클릭합니다.

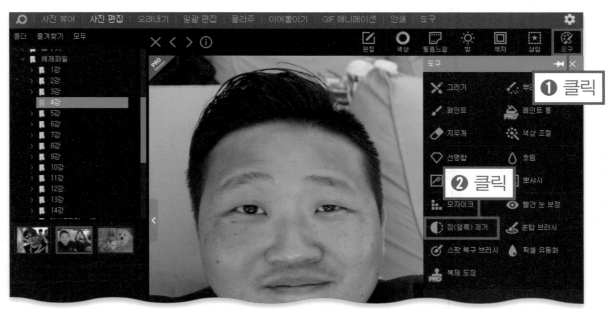

 [스팟 복구 브러시] 도구를 사용하여 점을 제거할 수도 있습니다.

4 ..... '점(얼룩) 제거' 대화상자가 나타나면 '브러시 크기' 입력란에 '8'을 입력합니다. 얼굴의 점을 클릭하여 제거한 후 '도구' 창으로 돌아가기 위해 [이전](◀)을 클릭합니다.

색상이 짙은 점은 여러 번 클릭하여 옅어지게 할 수 있습니다.

STEP 2 턱 갸름하게 만들기

1 '도구' 메뉴에서 [픽셀 유동화]를 클릭합니다.

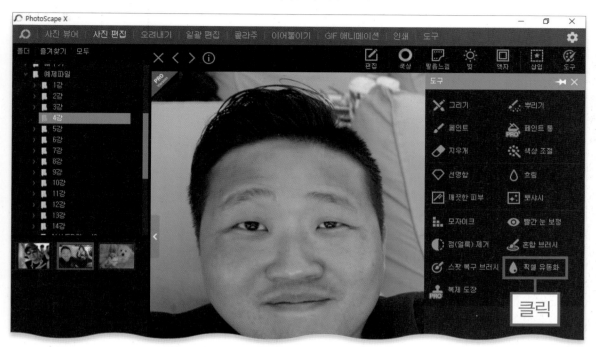

2 '브러시 크기' 입력란에 '60'을 입력합니다. [뒤틀기]가 선택된 상태에서 아래 그림처럼 턱 부분을 드래그한 후 [적용]을 클릭합니다.

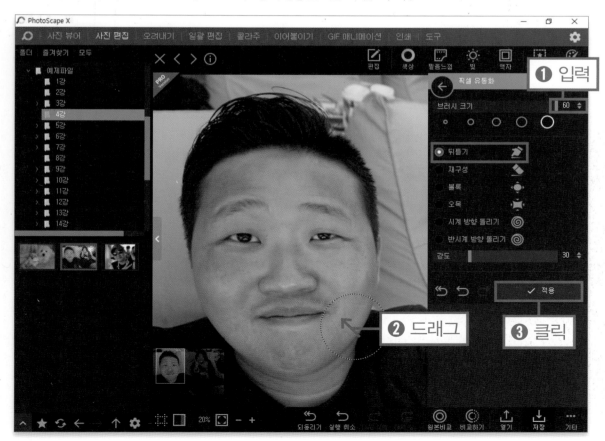

1 ······ '브러시 크기' 입력란에 '50'을 입력한 후 [볼록]()을 클릭합니다. 아래 그림처럼 오른쪽 눈을 길게 클릭해 원하는 만큼 눈을 키웁니다. [적용]을 클릭합니다.

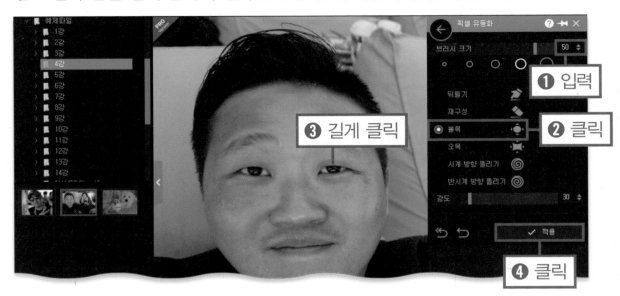

2 ······ 원본 사진과 보정된 사진을 비교하기 위해 [원본비교]를 길게 클릭합니다. 클릭하는 동안에 원본 사진이 나타나 수정 후 사진과 바로 비교할 수 있습니다.

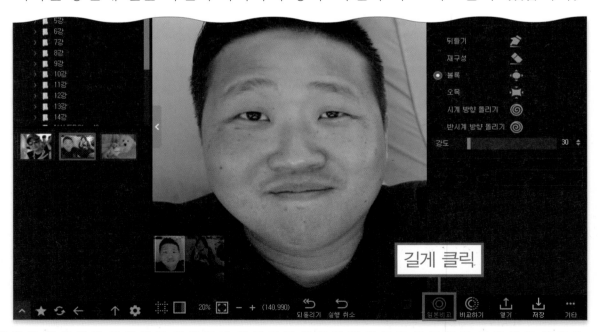

조금 더 배우기

• [비교하기]를 클릭하면 이전 단계 사진을 보여 주면서 비교하게 됩니다.
• [되돌리기]를 클릭하면 원본 사진으로 돌아갑니다.
• [실행 취소]를 클릭하면 이전 단계 사진으로 돌아갑니다.
• [다시 실행]을 클릭하면 [실행 취소]로 되돌아간 여러 단계 중 최근에 실행 취소한 하나의 단계만 복구됩니다.

1 ..... [편집] 탭을 클릭한 후 메뉴에서 [뽀샤시]를 클릭합니다.

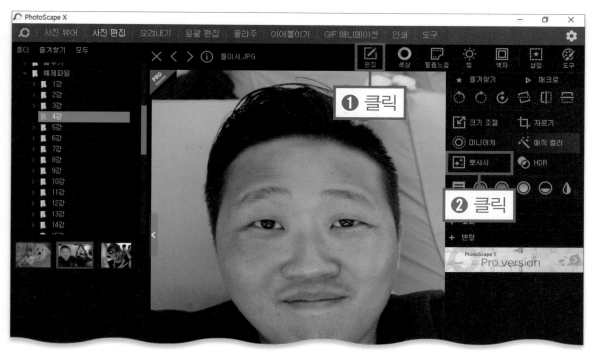

2 ..... '뽀샤시' 대화상자가 나타나면 [적용]을 클릭합니다. [저장]을 클릭하여 저장합니다.

 [도구] 탭의 [뽀샤시]를 클릭하여 원하는 부분만 뽀샤시하게 보정할 수 있습니다.

혼자서도 만들 수 있어요!

1 [예제파일]–[4강] 폴더에서 [브이.jpg]를 불러온 후 얼굴에 있는 점을 제거해 보세요.

> **HINT** [도구] 탭 메뉴에서 [점(얼룩) 제거]를 클릭 → '브러시 크기' 입력란에 '7'을 입력 → 얼굴의 점을 클릭

2 [예제파일]–[4강] 폴더에서 [강아지와 고양이.jpg]를 불러온 후 강아지 눈은 작게 하고 고양이 턱은 갸름하게 보정해 보세요.

> **HINT** [도구] 탭 메뉴에서 [픽셀 유동화]를 클릭 → '브러시 크기' 입력란에 '50'을 입력한 후 [오목]을 클릭 → 강아지 눈을 길게 클릭 → [적용]을 클릭 → [뒤틀기]를 클릭 → 고양이 턱을 드래그

CHAPTER
05

인물 보정하기 2
머리카락 염색하고
입술 색상 변경하기

POINT

머리카락 및 입술 색상을 자연스럽게
변경하는 방법에 대해 알아보도록 하겠습니다.

완성 화면
미리 보기

여기서
배워요!   페인트 활용하기

1 ˙˙˙˙˙ '포토스케이프 X' 프로그램을 실행합니다. [예제파일]–[5강] 폴더에서 [염색. jpg]를 선택합니다. 사진을 확대하기 위해 화면 아래쪽에 [확대](+)를 여러 번 클릭하여 원하는 만큼 확대합니다. '내비게이터' 창이 나타나면 화면을 드래그 해서 여자 얼굴이 전체적으로 보이도록 합니다.

2 ˙˙˙˙˙ [도구] 탭을 클릭한 후 메뉴에서 [페인트]를 클릭합니다.

3 ...... '페인트' 대화상자가 나타나면 [추가]()를 클릭합니다. '브러시 크기'와 '경도
(딱딱함)' 입력란에 '25'를 각각 입력한 후 '색상'에서 [단일색상](▭)을 클릭
합니다.

 [경도 (딱딱함)]은 브러시의 경계를 부드럽게 하는 정도를 나타냅니다. 값이 작을수록 브러시의 경계
가 부드럽습니다.

4 ...... '단일색상' 대화상자가 나타나면 진한 핑크색을 클릭합니다.

5 머리카락 색상을 자연스럽게 칠하기 위해 '불투명도' 입력란에 '8'을 입력한 후 머리카락 부분을 아래의 그림처럼 드래그합니다.

[불투명도] 값이 작을수록 투명합니다.

6 입술 크기에 맞춰 '브러시 크기' 입력란에 '13'을 입력합니다. 입술 색상을 칠 하기 위해 입술 부분을 드래그합니다.

7 ····· 브러시로 칠한 부분을 자세히 확인하기 위해 [마스크 표시 (S)]를 클릭하여 [체크](✔)합니다. 색칠한 부분이 빨간색 반투명으로 표시됩니다.

빨간색 반투명은 실제로 칠해지는 색상이 아니라 브러시로 선택한 부분을 표시하기 위한 것입니다.

8 ····· 머리카락이 아닌 부분을 삭제하기 위해 [빼기](✔)를 클릭하고 잘못 칠한 부분을 드래그합니다. 드래그한 부분만 빨간색 반투명이 삭제되는 것을 확인할 수 있습니다.

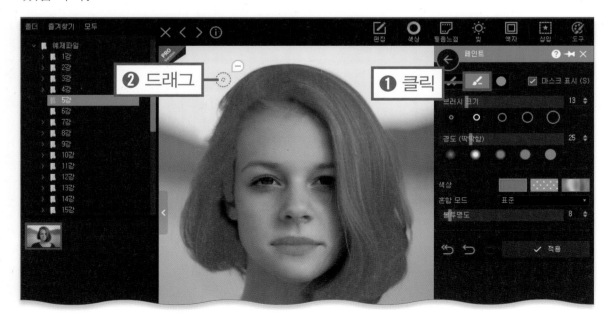

9 ····· 추가와 빼기를 여러 번 반복하면서 칠하기를 마무리합니다. 머리카락 색상과 입술 색상이 변경된 것을 확인할 수 있습니다. [적용]을 클릭합니다.

10 ·····사진 전체를 보기 위해 [확대/축소](▣)를 클릭합니다. 버튼 모양이 [1:1]로 변경됩니다. [저장]을 클릭하여 저장합니다.

CHAPTER
06

인물 보정하기 3
다리 길게 만들고
빨간 눈 보정하기

POINT

다리를 길게 만드는 방법과 빨간 눈을 보정하는 방법에 대해 알아봅니다.
더불어 모자이크와 흐림 기능에 대해서도 알아보도록 하겠습니다.

완성 화면
미리 보기

여기서
배워요!

스트레치, 빨간 눈 보정, 모자이크, 흐림

1 ····· '포토스케이프 X' 프로그램을 실행합니다. [예제파일]─[6강] 폴더에서 [호텔
입구.jpg]를 선택합니다. [편집] 탭을 클릭한 후 메뉴에서 [변형]─[스트레치]
를 차례대로 클릭합니다.

2 ····· '스트레치' 대화상자가 나타나면 가로 점선 2개를 아래 그림처럼 드래그하여 허
리와 발목에 배치한 후 '수직' 입력란에 '120'을 입력합니다. 다리가 길어지는
것을 확인할 수 있습니다. [적용]을 클릭한 후 [저장]을 클릭하여 저장합니다.

 조금 더 배우기 ┊ '100' 미만으로 입력하면 다리가 짧아지고 '100' 초과로 입력하면 다리가 길어집니다.

1 ⋯⋯ [6강] 폴더에서 [빨간눈.jpg]를 선택합니다. [도구] 탭을 클릭한 후 메뉴에서 [빨간 눈 보정]을 클릭합니다.

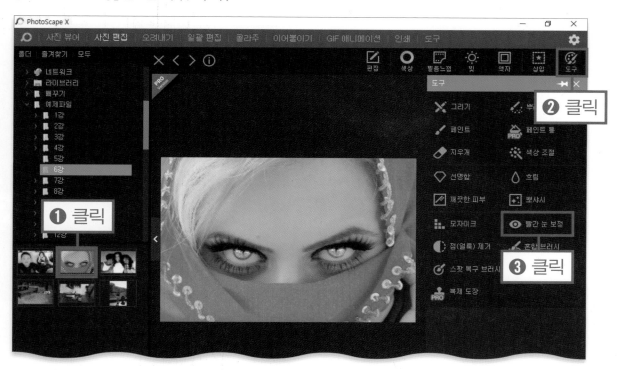

2 ⋯⋯ '빨간 눈 보정' 대화상자가 나타나면 '브러시 크기'와 '경도 (딱딱함)' 입력란에 각각 '25'를 입력하고 빨간 눈동자를 드래그합니다. 빨간 눈이 보정된 것을 확인할 수 있습니다. [저장]을 클릭하여 저장합니다.

1 ...... [6강] 폴더에서 [세자매.jpg]를 선택합니다. [도구] 탭을 클릭한 후 메뉴에서 [모자이크]를 클릭합니다.

 [편집] 탭에서 [효과]를 클릭하여 [모자이크]를 사용할 수도 있습니다.

2 ...... '모자이크' 대화상자가 나타나면 [추가](✎)를 클릭하고 '브러시 크기'와 '경도 (딱딱함)', '강도' 입력란에 각각 '25'를 입력한 후 오른쪽 여자를 아래의 그림처럼 드래그합니다.

3 ...... 오른쪽 여자 얼굴이 모자이크 처리되는 것을 확인할 수 있습니다. [적용]을 클릭합니다.

4 ...... 이번에는 '경도 (딱딱함)', '강도' 입력란에 각각 '100'을 입력한 후 왼쪽 여자 얼굴을 드래그합니다. 왼쪽 여자 얼굴이 모자이크 처리되는 것을 확인할 수 있습니다. [적용]을 클릭한 후 [저장]을 클릭하여 저장합니다.

- [강도]는 숨겨지는 정도를 나타냅니다. 값이 작을수록 격자무늬가 작고 숨겨지는 정도가 약합니다.
- [도구] 탭의 [흐림]을 클릭하여 숨기기를 할 수도 있습니다.

1 ⸳⸳⸳⸳ [6강] 폴더에서 [둘이서 완성.jpg]를 선택합니다. [도구] 탭을 클릭한 후 메뉴에서 [흐림]을 클릭합니다.

 [편집] 탭의 [조정]을 클릭하여 [흐림]을 사용할 수도 있습니다.

2 ⸳⸳⸳⸳ '흐림' 대화상자가 나타나면 [추가](🖌)와 [흐림]을 각각 클릭하여 선택합니다. '브러시 크기', '경도 (딱딱함)', '강도' 입력란에 각각 '50', '0', '70'을 입력한 후 강조할 남자를 제외하고 나머지 부분을 아래 그림처럼 드래그합니다.

3 ····· 드래그한 부분이 흐림 처리되는 것을 확인할 수 있습니다.

4 ····· [비교하기]를 길게 클릭하여 수정 전 사진과 수정 후 사진을 비교한 후 [적용]을 클릭합니다. [저장]을 클릭하여 저장합니다.

혼자서도 만들 수 있어요!

1 [예제파일]–[6강] 폴더에서 [쓰레기.jpg]를 불러온 후 모자이크로 쓰레기를 숨겨 보세요.

 »

HINT [도구] 탭 메뉴에서 [모자이크]를 클릭 → [추가]( )를 클릭한 후 '경도 (딱딱함)', '강도' 입력란에 각각 '0', '100'을 입력 → 쓰레기를 드래그

2 [예제파일]–[6강] 폴더에서 [운동화.jpg]를 불러온 후 흐림으로 운동화를 강조해 보세요.

 »

HINT [도구] 탭 메뉴에서 [흐림]을 클릭 → [추가]( )와 [흐림]을 각각 클릭한 후 '경도 (딱딱함)', '강도' 입력란에 각각 '0', '90'을 입력 → 강조할 운동화를 제외하고 나머지 부분을 드래그

CHAPTER 07 사진 밝기 보정하기

어두운 부분을 밝게 보정하고 HDR 기능으로
사진을 실감 나게 보정하는 방법에 대해 알아보도록 하겠습니다.

완성 화면
미리 보기

여기서
배워요!   역광 보정, HDR, 원하는 부분만 밝게 하기

1 ''''' '포토스케이프 X' 프로그램을 실행합니다. [예제파일]–[7강] 폴더에서 [건물.jpg]를 선택합니다. [편집] 탭을 클릭한 후 메뉴에서 [조정]–[역광 보정]을 차례대로 클릭합니다.

2 ''''' '역광 보정' 대화상자가 나타나면 '어두운 영역 밝게', '검정' 입력란에 각각 '100'과 '50'을 입력합니다. 보정된 사진을 확인한 후 [적용]을 클릭합니다. [저장]을 클릭하여 저장합니다.

HDR로 밝고 어두움을 조절하여 실감나게 보정하기

1 ····· [7강] 폴더에서 [기둥.jpg]를 선택합니다. [편집] 탭을 클릭한 후 메뉴에서 [HDR]을 클릭합니다.

2 ····· 'HDR' 대화상자가 나타나면 '강도' 입력란에 '70'을 입력합니다. 보정된 사진을 확인한 후 [적용]을 클릭합니다. [저장]을 클릭하여 저장합니다.

1 ‥‥‥ [7강] 폴더에서 [못난이인형.jpg]를 선택합니다. [도구] 탭을 클릭한 후 메뉴에서 [색상 조절]을 클릭합니다.

2 ‥‥‥ '색상 조절' 대화상자가 나타나면 [추가](🖌)를 클릭한 후 '브러시 크기', '경도(딱딱함)' 입력란에 각각 '25'를 입력합니다. [밝게]를 클릭한 후 '강도' 입력란에 '70'을 입력합니다.

조금 더 배우기 [색상] 탭의 [밝게]와 [마스크]를 사용하여 원하는 부분만 밝게 보정할 수 있습니다.

3 ...... 못난이인형 얼굴을 아래의 그림처럼 드래그합니다.

4 ...... 보정된 사진을 확인한 후 [적용]을 클릭합니다. [저장]을 클릭하여 저장합니다.

혼자서도 만들 수 있어요!

1 [예제파일]-[7강] 폴더에서 [석양.jpg]를 불러온 후 역광으로 어두워진 부분을 보정해 보세요.

 >>

HINT [편집] 탭 메뉴에서 [조정]을 클릭한 후 [역광 보정]을 클릭 → '어두운 영역 밝게' 입력란에 '70'을 입력

2 [예제파일]-[7강] 폴더에서 [물속.jpg]를 불러온 후 밝고 어두운 영역을 보정해 보세요.

 >>

HINT [편집] 탭 메뉴에서 [HDR]을 클릭

사진 색상 보정하기

POINT

이번 강에서는 매직 컬러, 화이트밸런스 등
다양한 색상 보정 기능에 대해 알아보도록 하겠습니다.

완성 화면
미리 보기

여기서
배워요! 매직 컬러, 화이트밸런스, 원하는 부분만 채도 보정하기

1 ┈┈┈ '포토스케이프 X' 프로그램을 실행합니다. [예제파일]–[8강] 폴더에서 [컬러 하우스.jpg]를 선택합니다. [색상] 탭을 클릭합니다.

2 ┈┈┈ '색상' 대화상자가 나타나면 [매직 컬러]를 클릭하여 [체크](☑)한 후 '색조 (Tint)' 입력란에 '–20'을 입력합니다. 보정된 사진을 확인한 후 [적용]을 클릭 합니다. [저장]을 클릭하여 저장합니다.

화이트밸런스 보정하기

1 [8강] 폴더에서 [빛축제.jpg]를 선택합니다. [편집] 탭을 클릭한 후 메뉴에서 [조정]-[화이트밸런스]를 차례대로 클릭합니다.

2 여자 옷의 흰 부분을 클릭합니다. 보정된 사진을 확인한 후 [적용]을 클릭합니다. [저장]을 클릭하여 저장합니다.

원하는 부분만 채도 보정하기

1 ······ [8강] 폴더에서 [옛날전화기.jpg]를 선택합니다. [도구] 탭을 클릭한 후 메뉴에서 [색상 조절]을 클릭합니다.

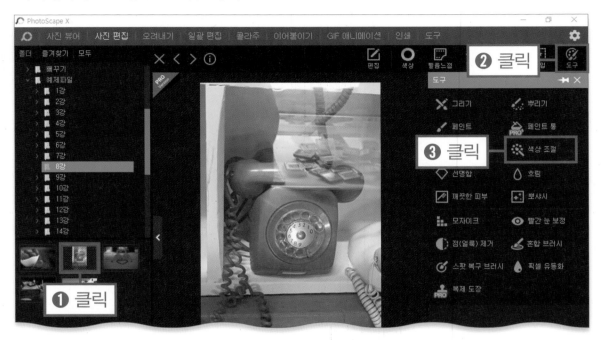

2 ······ '색상 조절' 대화상자가 나타나면 [추가]()를 클릭한 후 '브러시 크기', '경도(딱딱함)' 입력란에 각각 '25'를 입력합니다. [채도]를 클릭한 후 '강도' 입력란에 '70'을 입력합니다.

[색상] 탭의 [채도]와 [마스크]를 사용해도 원하는 부분만 채도 보정을 할 수 있습니다.

3 ..... 전화기를 아래의 그림처럼 드래그하여 표시합니다.

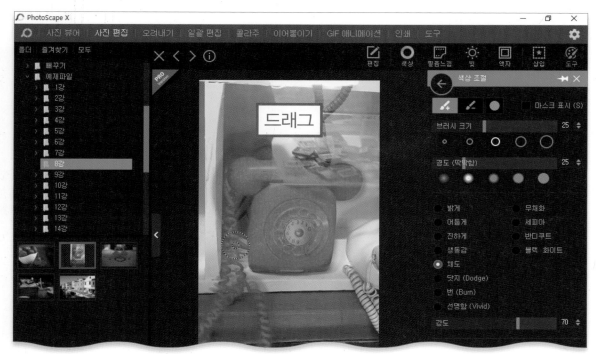

4 ..... 보정된 사진을 확인한 후 [적용]을 클릭합니다. [저장]을 클릭하여 저장합니다.

혼자서도 만들 수 있어요!

1 [예제파일]-[8강] 폴더에서 [칵테일과케잌.jpg]를 불러온 후 조명으로 색상이 변한 흰 부분을 화이트밸런스로 보정해 보세요.

 »

> HINT [편집] 탭 메뉴에서 [조정]을 클릭한 후 [화이트밸런스]를 클릭 → 사진의 흰 부분을 클릭

2 [예제파일]-[8강] 폴더에서 [딸기.jpg]를 불러온 후 딸기 부분만 채도를 보정해 보세요.

 »

> HINT [도구] 탭 메뉴에서 [색상 조절]을 클릭 → [채도]를 클릭한 후 딸기 부분을 드래그

색상 강조하고 색상 교체하기

POINT

특정한 색상을 강조하는 방법과 원하는 색상으로
변경하는 방법에 대해 알아보도록 하겠습니다.

완성 화면
미리 보기

여기서
배워요! 선택 색상 강조, 색상 교체

선택 색상 강조하기

1 ····· '포토스케이프 X' 프로그램을 실행합니다. [예제파일]−[9강] 폴더에서 [빨간 장미.jpg]를 선택합니다. [편집] 탭을 클릭한 후 메뉴에서 [조정]−[포인트 색 상 (선택 색상 강조)]를 차례대로 클릭합니다.

2 ····· '포인트 색상 (선택 색상 강조)' 대화상자가 나타나면 [스포이트](✐)를 클릭한 후 사진에서 강조하려는 빨간 장미를 클릭합니다. 빨간색만 선택되고 나머지 색상은 제거됩니다.

 사진에서 색상을 추출하기 위해 '스포이트'를 사용합니다.

3 '색상 범위' 입력란에 '60'을 입력하고 [마스크 (M)...]을 클릭합니다.

 '색상 범위' 값을 올리면 선택되는 색의 허용 범위가 넓어집니다. 반대로 값을 내리면 선택되는 색의 허용 범위가 좁아집니다.

4 선택된 영역을 자세히 확인하기 위해 [마스크 표시 (S)]를 클릭합니다. 선택된 영역이 빨간색 반투명으로 표시됩니다.

5 [마스크 모드 (4)](✏)를 클릭합니다. 작은 장미들을 선택 해제하기 위해 [빼기](✏)를 클릭한 후 드래그하여 아래 그림처럼 제외합니다. 드래그한 부분만 빨간색 반투명이 삭제되는 것을 확인할 수 있습니다. [적용]을 클릭합니다.

6 큰 장미 한 송이만 강조된 것을 확인할 수 있습니다.

조금 더 배우기 [도구] 탭의 [색상 조절]–[무채화]를 클릭하여 색상 강조를 할 수도 있습니다.

색상 교체하기

1 ····· '조정' 메뉴에서 [색상 교체]를 클릭합니다.

2 ····· '색상 교체' 대화상자가 나타나면 [스포이트](✏️)를 선택하고 빨간 장미를 클릭 합니다.

3 ..... 빨간 장미가 푸른색으로 변경되는 것을 확인할 수 있습니다. '색상 범위' 입력
란에 '60'을 입력합니다. 푸른색 범위가 넓어집니다.

4 ..... 푸른색을 진한 핑크색으로 변경하기 위해 [색조 (Hue) 슬라이더]를 오른쪽으로
드래그하여 진한 핑크색에 배치합니다. 푸른 장미가 진한 핑크색으로 변경됩
니다. [적용]을 클릭한 후 [저장]을 클릭하여 저장합니다.

혼자서도 만들 수 있어요!

1 [예제파일]–[9강] 폴더에서 [국화.jpg]를 불러온 후 핑크색을 강조해 보세요.

 »

HINT [편집] 탭 메뉴에서 [조정]을 클릭한 후 [포인트 색상 (선택 색상 강조)]를 클릭 → 사진에서 핑크 부분을 클릭 → '색상 범위' 입력란에 '40'을 입력

2 [예제파일]–[9강] 폴더에서 [물안개.jpg]를 불러온 후 빨간색 옷을 원하는 색상으로 교체해 보세요.

 »

HINT [편집] 탭 메뉴에서 [조정]을 클릭한 후 [색상 교체]를 클릭 → 사진에서 빨간색 부분을 클릭 → '색상 범위' 입력란에 '60'을 입력 → [색조 (Hue) 슬라이더]를 드래그하여 원하는 색상에 배치

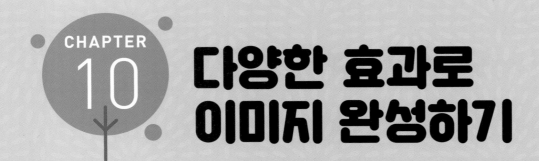

CHAPTER 10 다양한 효과로 이미지 완성하기

POINT

동작 흐림, 색연필화 등 다양한 효과를 사용하여
그림과 같은 효과를 지닌 이미지를 완성해 보겠습니다.

완성 화면
미리 보기

여기서
배워요! 동작 흐림, 색연필화, 수채색연필화

동작 흐림으로 자동차에 움직임 넣기

1 ······ '포토스케이프 X' 프로그램을 실행합니다. [예제파일]−[10강] 폴더에서 [큰건물.jpg]를 선택합니다. [편집] 탭을 클릭한 후 메뉴에서 [효과]−[동작 흐림]을 차례대로 클릭합니다.

2 ······ 사진 전체에 동작 흐림 효과가 적용되는 것을 확인할 수 있습니다. '강도' 입력란에 '80'을 입력한 후 동작 흐림을 적용할 부분을 선택하기 위해 [마스크 (M)...]을 클릭합니다.

3 ..... [마스크 모드 (4)](🖌)를 클릭한 후 [추가](🖌)를 클릭합니다. '브러시 크기'
입력란에 '50'을 입력하고 아래 그림처럼 드래그합니다. 드래그한 부분만 동
작 흐림 효과가 적용되는 것을 확인할 수 있습니다.

4 ..... [비교하기]를 길게 클릭하여 수정 전 사진과 수정 후 사진을 확인합니다. [적
용]을 클릭하여 마무리합니다.

색연필화 적용하기

1 ˙˙˙˙˙ '효과' 메뉴에서 [색연필화]를 클릭합니다.

2 ˙˙˙˙˙ '강도' 입력란에 '55'를 입력합니다. 색연필화가 적용된 사진을 확인한 후 [적용]을 클릭합니다.

STEP 3 수채색연필화 적용하기

1 ······ '효과' 메뉴에서 [수채색연필화]를 클릭합니다.

2 ······ '강도' 입력란에 '20'을 입력합니다. 수채색연필화가 적용된 사진을 확인한 후 [적용]을 클릭합니다. [저장]을 클릭하여 저장합니다.

혼자서도 만들 수 있어요!

1 [예제파일]–[10강] 폴더에서 [거리.jpg]를 불러온 후 가운데 여자를 제외하고 나머지 배경을 동작 흐림으로 움직임을 넣어 보세요.

 »

[편집] 탭 메뉴에서 [효과]를 클릭한 후 [동작 흐림]을 클릭 → [마스크 (M)...]을 클릭하고 [마스크 모드 (4)](✏)를 클릭한 후 [추가](✏)를 클릭 → '브러시 크기' 입력란에 '30'을 입력하고 가운데 여자를 드래그 → [마스크 반전 (I)]를 클릭

2 [예제파일]–[10강] 폴더에서 [하트.jpg]를 불러온 후 색연필화를 적용해 보세요.

 »

[편집] 탭 메뉴에서 [효과]를 클릭한 후 [색연필화]를 클릭

CHAPTER 11
레이어와 프로젝트 저장 이해하기

합성에 핵심이 되는 레이어를 이해하고 추후에 수정,
편집이 쉬운 프로젝트(psxprj) 저장에 대해 알아보도록 하겠습니다.

완성 화면
미리 보기

여기서
배워요! 개체 이동, 레이어 표시 및 숨기기, 레이어 추가 및 삭제, 레이어 순서 변경, 프로젝트 저장

STEP 1 개체 이동하고 좌우 뒤집기

1 ····· '포토스케이프 X' 프로그램을 실행합니다. [예제파일]-[11강] 폴더에서 [레이어 이해하기.psxprj]를 선택한 후 [삽입] 탭을 클릭합니다.

2 ····· '레이어' 대화상자를 표시하기 위해 [레이어]를 클릭한 후 사진 속의 [튜브]를 클릭합니다.

3 ..... [튜브]를 아래의 그림처럼 왼쪽으로 드래그하여 이동합니다.

드래그

마우스 포인터가 [손바닥](🖐) 모양일 때 이동할 수 있습니다.

4 ..... '이미지' 대화상자에서 [메뉴](⬛)를 클릭하고 [회전]-[좌우 뒤집기]를 차례 대로 클릭합니다. 이미지의 좌우가 뒤집히는 것을 확인할 수 있습니다.

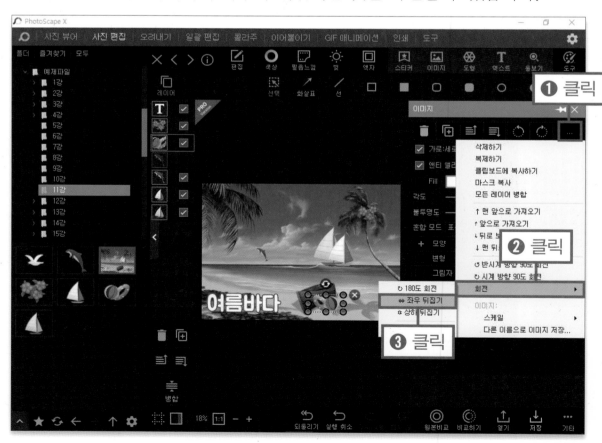

레이어 표시하고 숨기기

1 ˙˙˙˙˙ 숨겨져 있는 돌고래를 표시하기 위해 돌고래 레이어의 [표시/숨기기]를 클릭하여 [체크](☑)합니다. 돌고래가 표시되는 것을 확인할 수 있습니다.

2 ˙˙˙˙˙ 빨간 꽃을 숨기기 위해 빨간 꽃 레이어의 [표시/숨기기]를 클릭하여 체크 해제합니다. 빨간 꽃이 숨겨지는 것을 확인할 수 있습니다.

레이어 추가하고 삭제하기

1 ····· [이미지]를 클릭한 후 '열기' 대화상자가 나타나면 [예제파일]−[11강] 폴더에서 [갈매기.png]를 선택하고 [열기]를 클릭합니다.

2 ····· 갈매기가 나타나면 드래그하여 아래 그림처럼 배치합니다. [여름바다]를 클릭한 후 '텍스트' 대화상자에서 [삭제하기](🗑)를 클릭합니다. '레이어' 대화상자를 보면 갈매기가 추가되고 (**T**)가 삭제되는 것을 확인할 수 있습니다.

조금 더 배우기

• 레이어가 추가되는 경우: [삽입] 탭의 도구들(스티커, 이미지, 도형, 텍스트, 돋보기, 필터)을 사용하면 레이어가 추가됩니다.
• '레이어' 대화상자에 있는 [삭제](🗑)를 클릭하거나 [닫기]([✕])를 클릭해도 삭제할 수 있습니다.

STEP 4 | 레이어 순서 변경하고 프로젝트로 저장하기

1 ⋯⋯ [빨간 배]를 클릭하여 선택한 후 마우스 오른쪽 버튼을 누릅니다. 메뉴에서 [뒤로 보내기]를 클릭합니다.

'레이어' 대화상자에 있는 [뒤로 보내기](◧)를 클릭해서 아래쪽으로 이동시켜도 됩니다.

2 ⋯⋯ 빨간 배가 노란 배 뒤쪽으로 배치되고 '레이어' 대화상자를 보면 빨간 배 레이어가 노란 배 레이어 아래쪽으로 이동된 것을 확인할 수 있습니다. 프로젝트로 저장하기 위해 [저장]을 클릭합니다.

3 ..... '저장' 대화상자가 나타나면 [프로젝트 저장]을 클릭합니다.

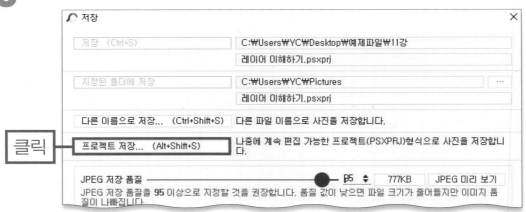

4 ..... 저장 위치를 선택하고 '파일 이름' 입력란에 '레이어 이해하기 완성'을 입력한 후 [저장]을 클릭하여 프로젝트 파일로 저장합니다. 다시 한 번 [저장]을 클릭하여 '레이어 이해하기 완성.jpg' 파일로 저장합니다.

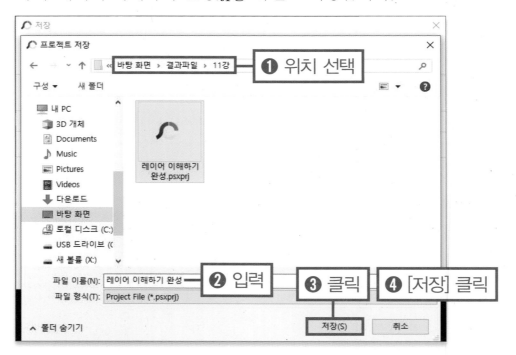

조금 더 배우기

프로젝트 파일과 이미지 파일의 차이점

프로젝트 파일(psxprj)은 추후에 수정이 가능한 상태(레이어가 분리된 상태)로 저장됩니다. 이미지 파일(jpeg(jpg), png 등)은 추후에 수정이 불가능한 상태(레이어가 병합된 상태)로 블로그나 SNS 등에 사진을 업로드시킬 수 있습니다. 즉, 추후에 수정이 가능한 프로젝트 파일과 업로드가 가능한 이미지 파일로 두 번 저장하여 사용할 것을 권장합니다.

혼자서도 만들 수 있어요!

1 [예제파일]-[11강] 폴더에서 [바다.jpg]를 불러온 후 [고래.png]를 추가하고 추후에 수정이 가능한 상태(레이어가 분리된 상태)로 저장해 보세요.

 »

HINT [삽입] 탭 메뉴에서 [이미지]를 클릭 → [예제파일]-[11강] 폴더에서 [고래.png]를 클릭한 후 [열기]를 클릭 → [저장]을 클릭한 후 [프로젝트 저장]을 클릭 → 원하는 저장 위치 및 파일 이름을 입력한 후 [저장]을 클릭

2 [예제파일]-[11강] 폴더에서 [레이어 이해하기_예제.psxprj]를 불러온 후 숨겨진 노란 꽃게를 표시하고 복제해 보세요.

 »

HINT [삽입] 탭 메뉴에서 [레이어]를 클릭 → 노란 꽃게 레이어의 [표시/숨기기]를 클릭하여 [체크](✔) → '이미지' 대화상자에서 [복제](🔳)를 클릭 → 복제된 노란 꽃게를 드래그하여 적당한 위치로 이동

호수 위로 빛나는 별 만들기

이번 강에서는 반사 기능과 렌즈 반사광 기능으로 호수 위로
별이 빛나는 배경을 만들고 문자 마스크 기능으로
배경을 담고 있는 독특한 문자를 만들어 보겠습니다.

완성 화면
미리 보기

여기서
배워요!   반사, 렌즈 반사광, 문자 마스크

1 ······ '포토스케이프 X' 프로그램을 실행합니다. [예제파일]-[12강] 폴더에서 [별밤.jpg]를 선택합니다. [편집] 탭을 클릭한 후 [변형]-[반사]를 차례대로 클릭합니다.

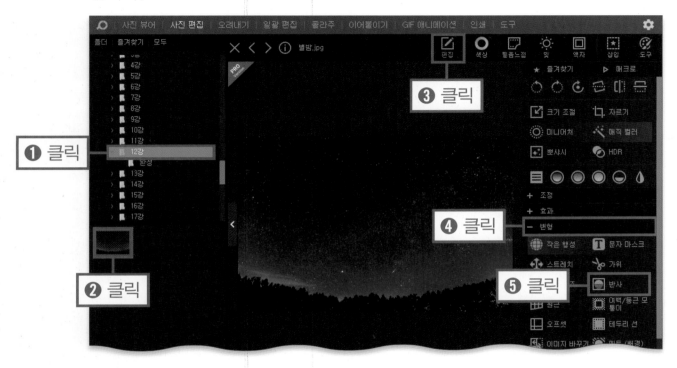

2 ······ '반사' 대화상자가 나타나면 '배경'에서 [단일색상]([　　　])을 클릭한 후 검은색을 클릭합니다. 완료되면 [적용]을 클릭합니다.

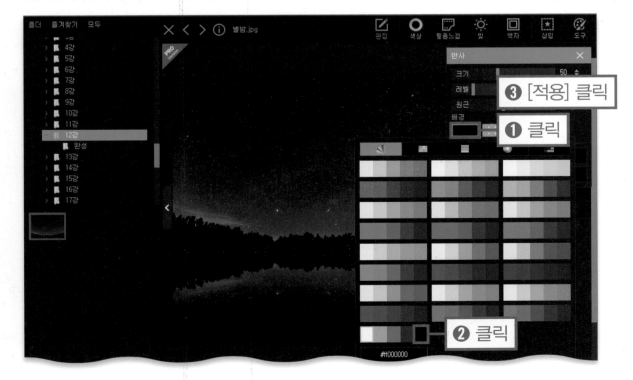

3 [빛] 탭을 클릭합니다. '빛' 대화상자가 나타나면 [렌즈 반사광]을 클릭한 후 [004]를 선택합니다. '명도', '스케일' 입력란에 각각 '−70'과 '50'을 입력합니다.

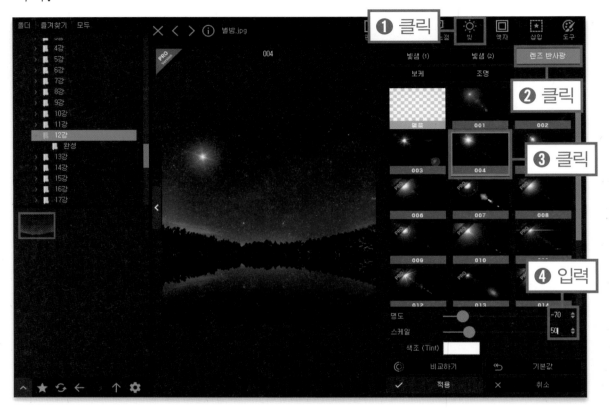

4 [조절점]( )이 나타나면 드래그하여 아래 그림처럼 배치합니다. 보정된 사진을 확인한 후 [적용]을 클릭합니다. [저장]을 클릭하여 '별밤 완성.jpg' 파일로 저장합니다.

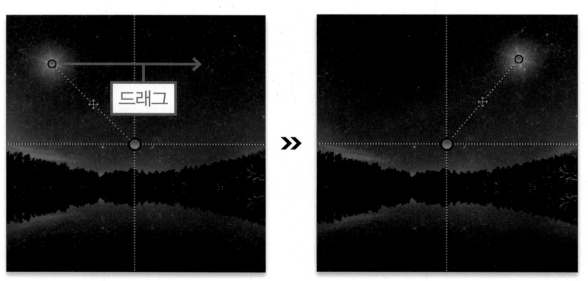

1 ······ '변형' 메뉴에서 [문자 마스크]를 클릭합니다.

2 ······ '문자 마스크' 대화상자가 나타나면 'Text' 박스에 '별이 빛나는 밤에'를 입력하고 마음에 드는 [글꼴]을 클릭하여 선택합니다. [투명 배경](▨)을 클릭하고 [그림자 효과]를 클릭하여 [체크](☑)한 후 '거리' 입력란에 '30'을 입력합니다. [적용]을 클릭합니다. [저장]을 클릭하여 '별밤 문자 마스크 완성.png' 파일로 저장합니다.

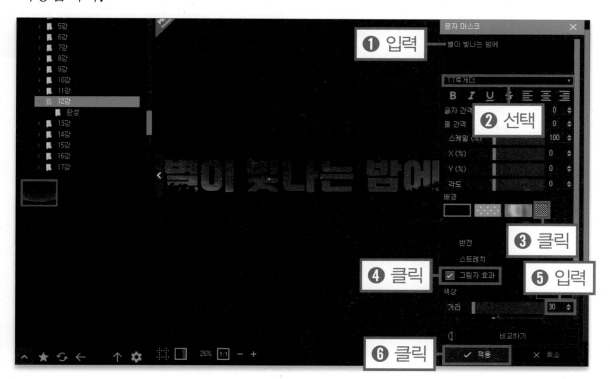

내 컴퓨터에 설치된 글꼴 중 마음에 드는 글꼴이 없다면 '눈누 폰트(https://noonnu.cc)'에서 무료로 다운로드한 후 설치할 수 있습니다. 자세한 내용은 'CHAPTER 14'를 참고하면 됩니다.

STEP 3 이미지 합성하기

1 [12강]-[완성] 폴더에서 [별밤 완성.jpg]를 선택합니다. [삽입] 탭을 클릭합니다.

2 [이미지]를 클릭합니다. '열기' 대화상자가 나타나면 [12강]-[완성] 폴더에서 [별밤 문자 마스크 완성.png]를 선택하고 [열기]를 클릭합니다.

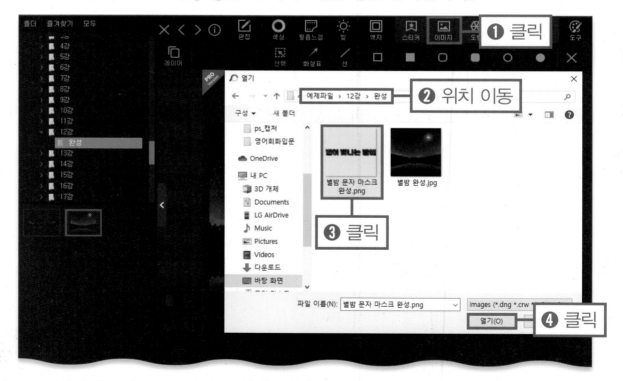

 [삽입] 탭을 클릭한 상태에서 왼쪽 미리 보기 창에 있는 사진을 드래그하여 이미지를 추가할 수도 있습니다.

3 ····· '레이어' 대화상자를 보면 레이어가 추가되어 있는 것을 확인할 수 있습니다. '별이 빛나는 밤에' 이미지를 아래쪽으로 드래그하여 이동합니다.

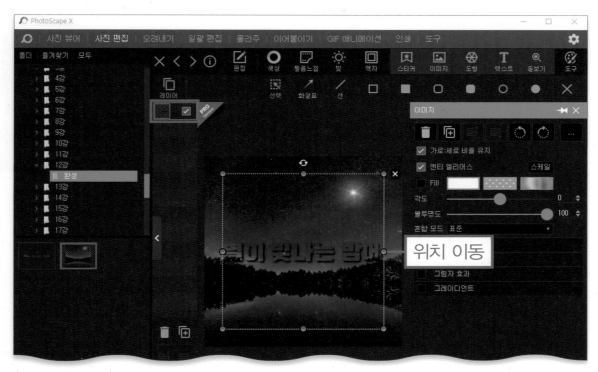

4 ····· [저장]을 클릭하여 '별이 빛나는 밤에.psxprj'와 '별이 빛나는 밤에.jpg' 파일 형식으로 각각 저장합니다.

혼자서도 만들 수 있어요!

1 [예제파일]-[12강] 폴더에서 [등대.jpg]를 불러온 후 등대에 조명을 넣어 보세요.

 »

HINT [빛] 탭 메뉴에서 [조명]을 클릭한 후 '001'을 클릭 → [조절점](●)을 드래그하여 원하는 방향으로 배치 → 명도, 스케일, 색조 등 옵션을 원하는 모양으로 조정

2 [예제파일]-[12강] 폴더에서 [등대 완성.jpg]를 불러온 후 이미지를 담고 있는 독특한 문자를 만들어 보세요.

 »

HINT [편집] 탭 메뉴에서 [변형]을 클릭한 후 [문자 마스크]를 클릭 → 'Text' 박스에 '등대지기'를 입력 → 마음에 드는 글꼴을 클릭 → [투명 배경](▦)을 클릭하고 [그림자 효과]를 클릭하여 [체크](✔)

감쪽같이 없애고 원하는 곳 확대하기

POINT

이미지를 감쪽같이 없애는 방법과 원하는 곳을
확대하는 방법에 대해 알아보도록 하겠습니다.

완성 화면
미리 보기

나는 어디에?

여기서
배워요!   스팟 복구 브러시, 돋보기, 텍스트

스팟 복구 브러시로 감쪽같이 없애기

1 ······ '포토스케이프 X' 프로그램을 실행합니다. [예제파일]–[13강] 폴더에서 [물놀이.jpg]를 선택합니다. [도구] 탭을 클릭한 후 메뉴에서 [스팟 복구 브러시]를 클릭합니다.

2 ······ '스팟 복구 브러시' 대화상자가 나타나면 '브러시 크기' 입력란에 '22'를 입력한 후 사진 속에 [부표]를 모두 클릭합니다. 부표가 지워지는 것을 확인할 수 있습니다. 원하는 곳을 확대하기 위해 [삽입] 탭을 클릭합니다.

돋보기로 부분 확대하기

1 [삽입] 탭 메뉴에서 [돋보기]를 클릭합니다. 사진 속에 원 모양의 돋보기가 나타나면 오른쪽으로 드래그하여 이동합니다. '돋보기' 대화상자에서 마음에 드는 돋보기 모양을 클릭합니다.

2 원 가운데에 있는 [조절점]( )을 확대하려는 부분에 드래그하여 배치한 후 '스케일' 입력란에 '350'을 입력합니다.

3 ..... [화살표]를 클릭한 후 '화살표' 대화상자가 나타나면 '두께' 입력란에 '30'을 입력하고 아래 그림처럼 드래그합니다.

STEP 3 **텍스트 추가하기**

1 ..... [텍스트]를 클릭합니다. '텍스트' 대화상자가 나타나면 '나는 어디에?'를 입력하고 마음에 드는 [글꼴]과 [글자 크기]를 선택합니다. [그레이디언트]를 클릭하여 [체크]( )한 후 두 번째 [라디오 버튼]( )을 선택합니다.

 그레이디언트란 두 가지 이상의 색을 사용하여 채우는 것을 말합니다.

2 ..... [시작 단일색상]을 클릭한 후 '단일색상' 대화상자가 나타나면 마음에 드는 색상을 선택합니다. [끝 단일색상]을 클릭한 후 마음에 드는 색상을 선택합니다.

3 ..... 텍스트를 아래쪽으로 드래그하여 그림처럼 배치합니다. [저장]을 클릭하여 '나는 어디에.psxprj'와 '나는 어디에.jpg' 파일로 각각 저장합니다.

혼자서도 만들 수 있어요!

1 [예제파일]-[13강] 폴더에서 [헬리콥터.jpg]를 불러온 후 헬리콥터를 자연스럽게 지워 보세요.

 »

 HINT [도구] 탭 메뉴에서 [스팟 복구 브러시]를 클릭 → '브러시 크기' 입력란에 적당한 브러시 크기를 입력 → 헬리콥터를 클릭

2 [예제파일]-[13강] 폴더에서 [세계지도.jpg]를 불러온 후 대한민국을 찾아 돋보기로 확대해 보세요.

 »

 HINT [삽입] 탭 메뉴에서 [돋보기]를 클릭 → 사진 속에 원 모양의 돋보기가 나타나면 오른쪽으로 드래그 → '돋보기' 대화상자에서 마음에 드는 돋보기 모양을 클릭 → [조절점](⊙)을 확대하는 부분에 드래그 → '스케일 (%)' 입력란에 '500'을 입력 → [화살표]를 클릭한 후 드래그

로고 만들기 1
무료 폰트 설치하기

POINT

로고에 어울리는 상업적 무료 폰트를 다운받아 설치해 봅니다.

완성 화면
미리 보기

여기서
배워요! 폰트 다운로드 및 설치

무료 폰트 다운로드하기

1 ...... 인터넷 익스플로러를 실행한 후 '네이버(www.naver.com)' 사이트에 접속합니다. 검색란에 '눈누 폰트'를 입력한 후 [검색](🔍)을 클릭합니다.

2 ...... 검색 결과 화면이 나타나면 웹 사이트 목록 중에서 [눈누 상업용 무료한글폰트 사이트]를 클릭합니다.

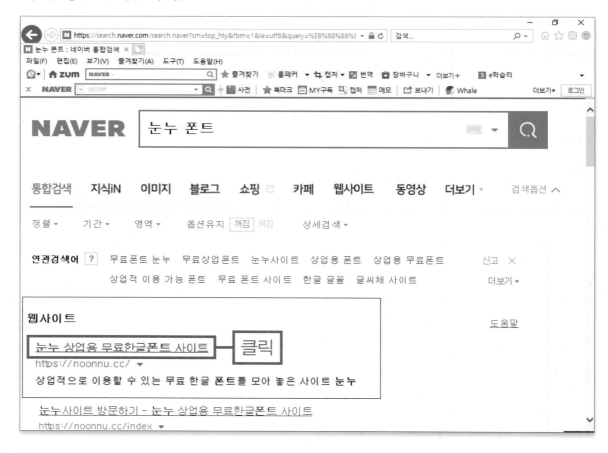

3 ····· '눈누 폰트' 사이트에 접속하면 [모든폰트]를 클릭합니다. '모든 폰트에 적용' 입력란에 '폰트디자인'을 입력하여 폰트 디자인을 직접 확인합니다.

4 ····· 폰트 목록에서 [배민 주아체] 폰트를 찾아 클릭합니다.

5 ····· '폰트' 화면이 나타나면 스크롤 바를 하단으로 드래그해 폰트의 사용 범위를 확인합니다.

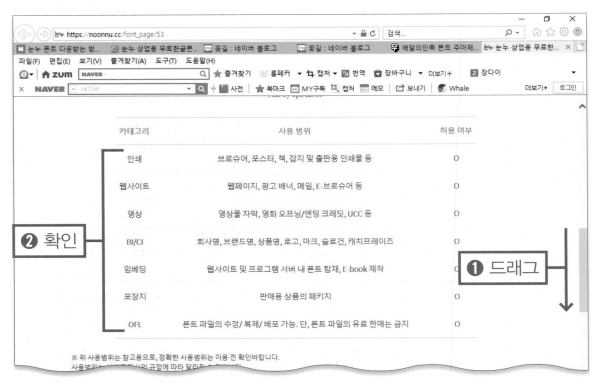

6 ····· 스크롤 바를 위로 드래그한 후 [다운로드]를 클릭합니다.

7 ······ '폰트를 제작한 사이트가 나타나면 [TTF 윈도우용 다운로드]를 클릭합니다. 화면 아래쪽에 '저장' 대화상자가 나타나면 [저장(S)]의 [목록](▼) 단추를 클릭한 후 [다른 이름으로 저장(A)]를 클릭합니다.

폰트에 따라서 다운로드받는 과정이 다를 수 있습니다.

8 ······ '다른 이름으로 저장' 대화상자가 나타나면 원하는 저장 위치를 선택하고 [저장]을 클릭합니다.

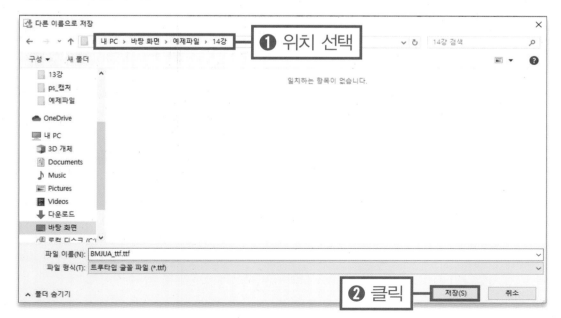

1 …… 화면 아래쪽에 '열기' 대화상자가 나타나면 [폴더 열기(P)]를 클릭합니다.

2 …… 다운로드받은 [폰트]를 더블 클릭한 후 설치 화면이 나타나면 [설치]를 클릭합니다.

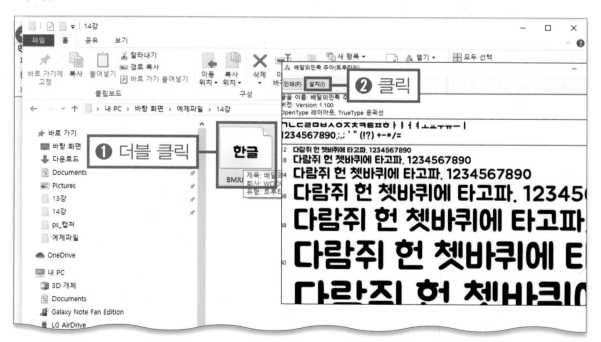

 '포토스케이프 X' 프로그램이 실행된 상태에서 폰트를 설치하면 설치한 폰트가 보이지 않습니다. 즉, '포토스케이프 X' 프로그램을 닫고 폰트를 설치해야 합니다. 만약에 프로그램을 실행한 상태에서 폰트를 설치했다면 프로그램을 닫고 다시 실행시키면 설치한 폰트를 볼 수 있습니다.

로고 만들기 2

투명한 배경에
로고 만들기

POINT

투명한 배경을 만드는 방법과 도형과 텍스트를 사용하여
로고를 만드는 방법에 대해 알아보도록 하겠습니다.

완성 화면
미리 보기

여기서
배워요!   투명 배경 만들기, 로고 만들기

투명한 배경에 로고 만들기

1 ······ '포토스케이프 X' 프로그램을 실행합니다. [사진 편집] 탭을 클릭한 후 [새로 만들기]를 클릭합니다.

 [기타...]-[새로 만들기]를 클릭해도 됩니다.

2 ······ '가로 폭 (px)', '세로 높이 (px)' 입력란에 각각 '230', '180'을 입력한 후 [배경 불투명도 슬라이더]를 왼쪽 끝으로 드래그합니다. [확인]을 클릭합니다.

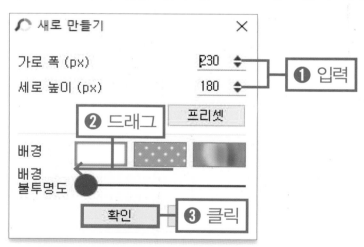

- 로고 사용 용도(인쇄물 로고, 유튜브 로고, 인스타그램 프로필 로고, 네이버 스토어팜 프로필 로고, 사진 워터마크 등)에 따라서 이미지 사이즈는 달라질 수 있습니다. 다양한 용도로 사용한다면 이미지 사이즈를 크게 만들어서 완성한 후에 용도에 맞게 줄여서 쓰는 것을 권장합니다.
- [배경 불투명도 슬라이더]의 왼쪽 끝은 불투명도가 '0%'이고 오른쪽 끝은 불투명도가 '100%'입니다. 배경 불투명도 값이 낮을수록 배경이 투명해집니다. 즉 [배경 불투명도 슬라이더]를 왼쪽 끝으로 이동하면 배경이 완전한 투명으로 채워지고 오른쪽 끝으로 이동하면 배경이 선택한 색상으로 100% 채워집니다.

3 ...... [테두리 표시](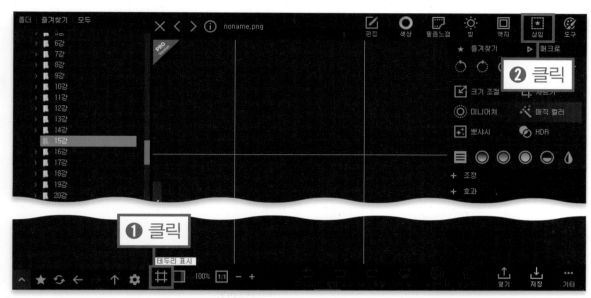)를 클릭한 후 [삽입] 탭을 클릭합니다.

4 ...... '레이어' 대화상자를 표시하기 위해 [레이어]를 클릭한 후 [채워져 있는 타원](◐)을 클릭합니다. '타원' 대화상자가 나타나면 '색상'에서 [단일색상] (▭)을 클릭한 후 코드 값이 [#ffff8080]인 색상을 클릭합니다.

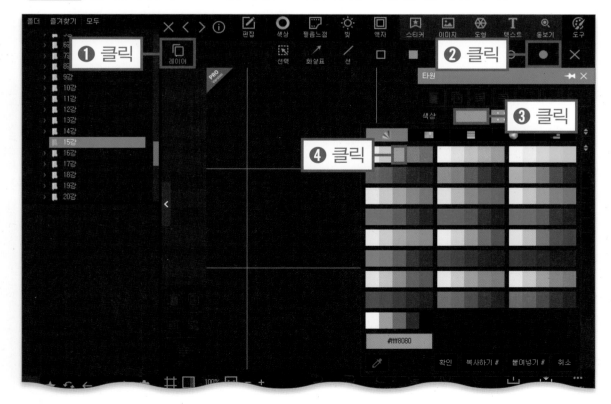

 색상에 마우스 포인터를 올려놓으면 색상 코드 값이 아래쪽에 표시됩니다.

5 ..... 아래의 그림처럼 드래그합니다.

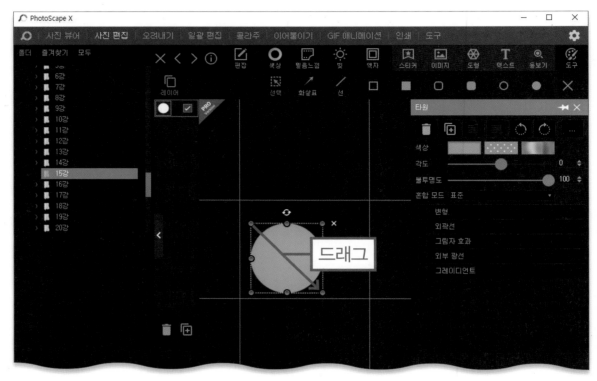

6 ..... '타원' 대화상자에서 [복제하기](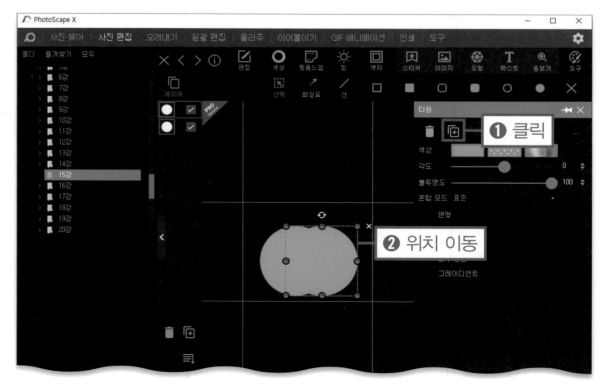)를 클릭하고 아래의 그림처럼 나란히 배치합니다.

7 ...... [도형]을 클릭한 후 '도형' 대화상자에서 [Basic 2](♣)를 클릭합니다. 아래의 그림과 같은 도형을 선택하고 [확인]을 클릭합니다.

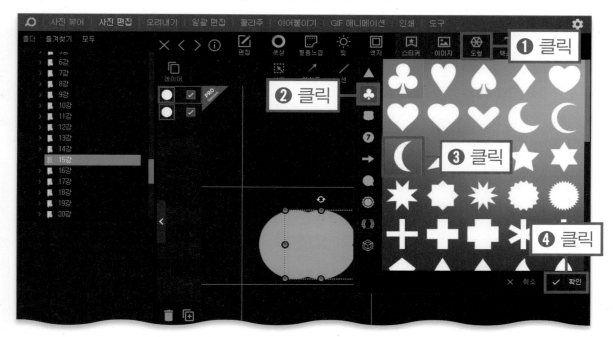

8 ...... '도형' 대화상자가 나타나면 '색상'에서 [단일색상](▢)을 [#ffffbfbf]로 선택합니다. [외부 광선]을 클릭하여 [체크](✔)한 후 '색상'을 [#ffffe6e6]으로 선택합니다. 도형을 드래그해 그림처럼 배치하고 [조절점](◉)을 드래그하여 크기를 조절합니다.

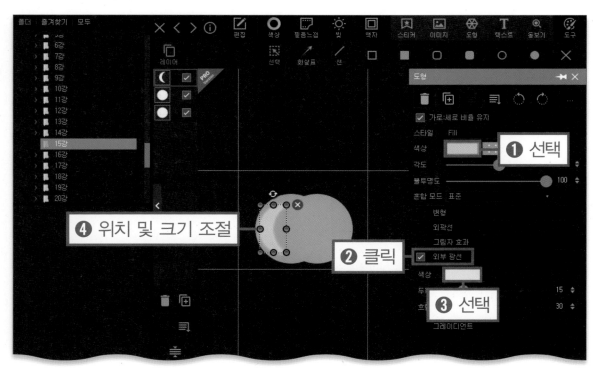

9 ····· [선]을 클릭한 후 '선' 대화상자가 나타나면 [단일색상]([⬜])을 [#ff482e2e]로 선택하고 '두께' 입력란에 '40'을 입력합니다. 아래 그림처럼 드래그합니다.

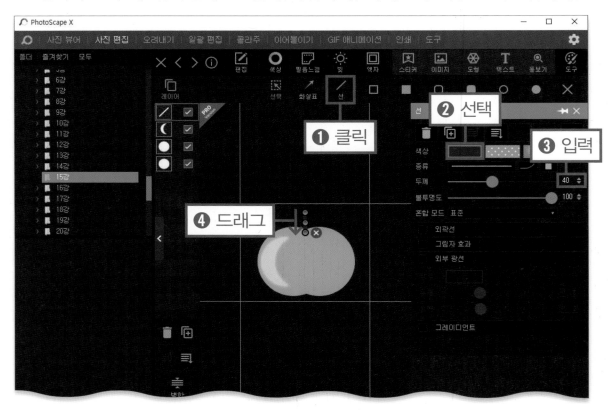

10 ····· 선이 나타나면 가운데 있는 [조절점]([⬤])을 왼쪽으로 드래그하여 그림처럼 모양을 만든 후 배치합니다.

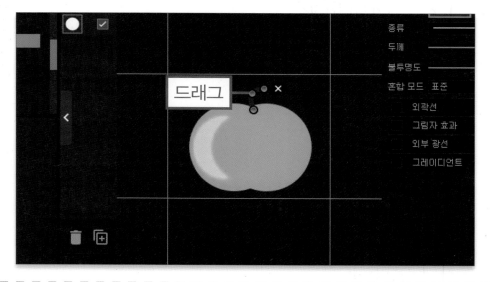

조금 더 배우기 마우스 포인터가 [양방향 화살표]([✛])일 때 드래그합니다.

11 [채워져 있는 타원](🌑)을 클릭한 후 '타원' 대화상자가 나타나면 '색상'의 [단일색상](▭)을 [#ffb3ff80]으로 선택하고 [외부 광선]이 체크 해제되어 있는지 확인합니다. 아래 그림처럼 드래그합니다.

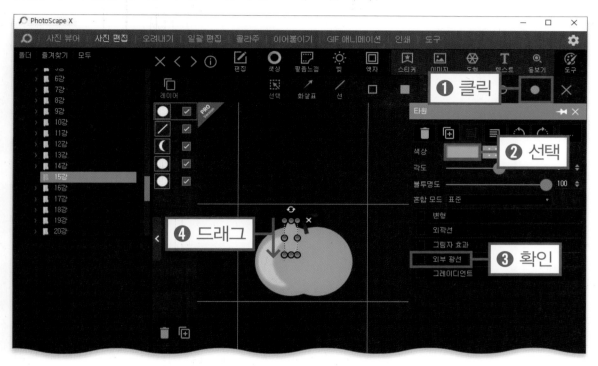

12 [회전](🔄)을 왼쪽으로 드래그하여 회전합니다. 마우스 오른쪽 버튼을 누른 후 메뉴 목록에서 [맨 뒤로 보내기]를 클릭합니다.

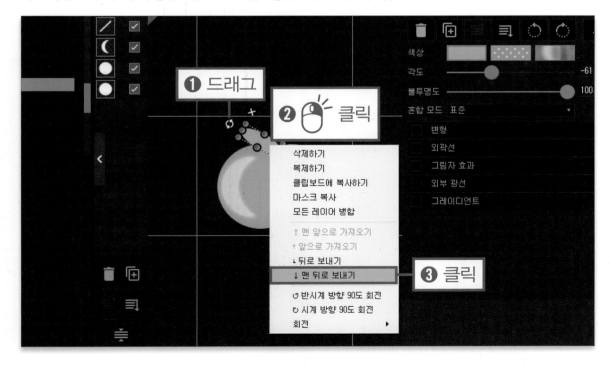

13 [텍스트]를 클릭한 후 '텍스트' 대화상자가 나타나면 '달달한 복숭아'를 입력하고 14강에서 설치한 글꼴(배달의민족 주아)을 선택합니다. '글자 크기' 입력란에 '30'을 입력하고 [글자 단일색상]( )을 [#ffff4040]으로 선택합니다. [외곽선]을 클릭해 [체크]( )한 후 [외곽선 단일색상]( )을 [#ffffffff]로 선택합니다.

14 [그림자 효과]를 클릭해 [체크]( )한 후 [그림자 단일색상]( )을 [#fff-fe6e6]으로 선택하고 아래 그림처럼 배치합니다. [저장]을 클릭하여 '로고만들기.psxprj'와 '로고만들기.png' 파일로 각각 저장합니다.

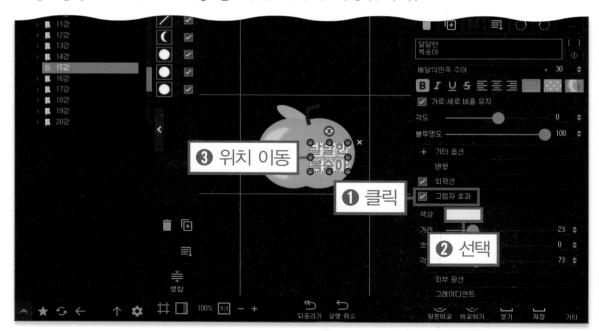

혼자서도 만들 수 있어요!

1 [예제파일]-[15강] 폴더에서 [로고만들기 예제1.psxprj]를 불러온 후 로고를 완성해 보세요.

 »

> **HINT** [삽입] 탭 메뉴에서 [채워져 있는 타원](●)을 클릭 → [타원] 대화상자가 나타나면 [단일색상] (▭)을 [#ff000000]으로 선택 → 눈과 입을 적당한 크기로 드래그 → 입을 마음에 드는 색상으로 변경 → [스티커]를 클릭한 후 [6번째 목록(COSTUME)]을 클릭 → [흰색 모자]를 클릭하고 [확인]을 클릭한 후 적당한 크기로 드래그 → [텍스트]를 클릭한 후 '꿈나무 요리교실'을 입력 → 마음에 드는 글꼴, 크기, 옵션을 클릭

2 투명 배경에 로고를 만들어 보세요.

> **HINT** [기타...]를 클릭한 후 [새로 만들기...]를 클릭 → '가로 폭 (px)', '세로 높이 (px)' 입력란에 각각 '500', '500'을 입력 → [배경 불투명도 슬라이더]를 왼쪽 끝으로 드래그한 후 [확인]을 클릭 → [삽입] 탭 메뉴에서 [스티커]를 클릭 → [2번째 목록(EMOJI)]를 클릭한 후 마음에 드는 [스마일]을 클릭하고 [확인]을 클릭 → 적당한 크기로 드래그한 후 [텍스트]를 클릭 → '텍스트' 대화상자가 나타나면 '스마일^^'을 입력 → 마음에 드는 글꼴, 크기, 옵션을 클릭 → [텍스트]를 클릭한 후 '공부방'을 입력 → 마음에 드는 글꼴, 크기, 옵션을 클릭

CHAPTER 16
사진 일괄 편집하기

POINT

여러 사진의 크기를 한 번에 변경하고 앞 강에서 만든 로고를
한꺼번에 넣는 방법에 대해 알아보도록 하겠습니다.

완성 화면
미리 보기

여기서
배워요! 사진 크기 일괄 조절하기, 사진에 로고 일괄 넣기

사진에 로고 일괄 넣기

1 ······ '포토스케이프 X' 프로그램을 실행한 다음 [일괄 편집] 탭을 클릭합니다. [예제파일]-[16강] 폴더에서 [복숭아1.jpg]를 클릭한 후 Shift 를 누른 채 [복숭아4.jpg]를 클릭한 다음 [여기에 사진을 끌어 놓으세요.]로 드래그합니다.

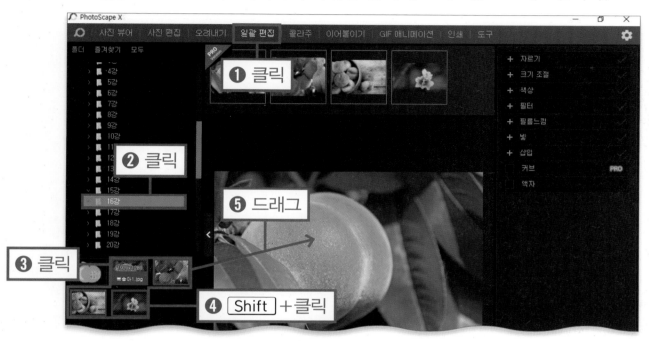

> 조금 더 배우기: 떨어져 있는 사진을 선택할 때는 Ctrl 을 누른 채 각각 클릭합니다.

2 ······ 오른쪽 옵션 창에서 [크기 조절]을 클릭한 후 [가로크기 × 세로크기]를 클릭하여 [선택](◉)한 후 '1280', '800'을 각각 입력합니다.

3 ..... [삽입]을 클릭하고 [+]를 클릭한 후 [이미지]를 클릭합니다.

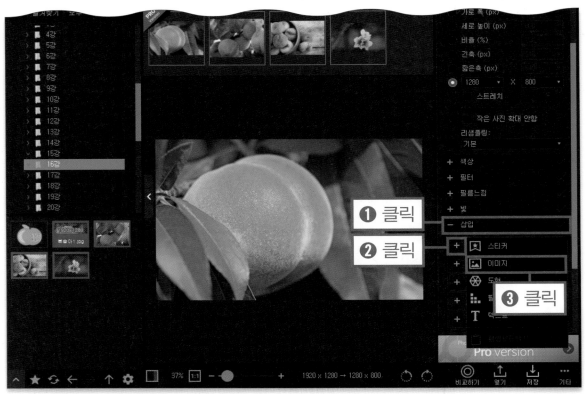

4 ..... '열기' 대화상자가 나타나면 [16강] 폴더에서 [로고만들기.png]를 클릭한 후 [열기]를 클릭합니다.

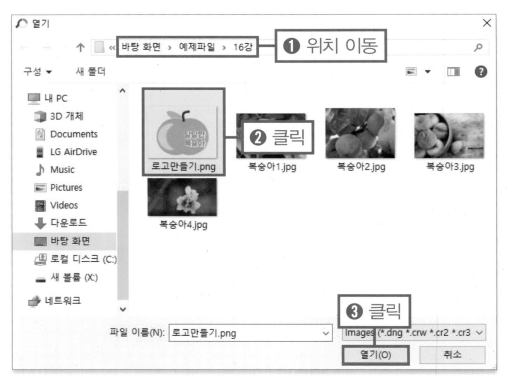

5 ...... 왼쪽에 '이미지' 대화상자가 나타나면 [스케일]–[3/4]을 차례대로 클릭합니다. [기준점 (우측 상단)]을 클릭하여 [선택](⦿)한 후 [저장]을 클릭합니다.

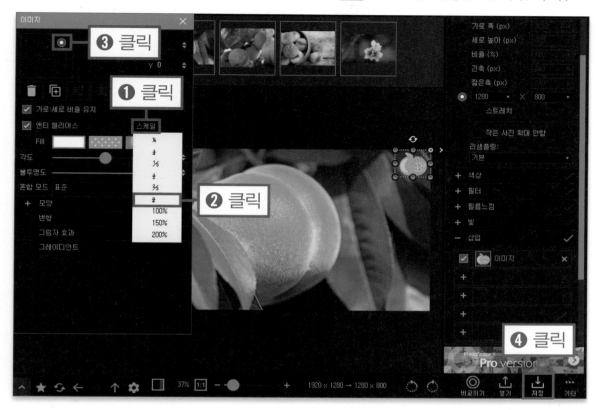

6 ...... '저장' 대화상자가 나타나면 [하위 폴더에 저장]을 클릭하여 [선택](⦿)합니다. [접두어 (이름 앞에 붙임)]을 클릭하여 [선택](⦿)한 후 '로고넣기_'를 입력하고 [확인]을 클릭합니다.

CHAPTER
17

유튜브 섬네일 만들기 1
오려내기

자동 지우개, 올가미, 브러시 기능을 사용하여 원하는 부분을
오려내는 방법에 대해 알아보도록 하겠습니다.

완성 화면
미리 보기

여기서
배워요! 오려내기_자동 지우개, 오려내기_올가미, 오려내기_브러시

STEP 1 오려내기

1 ···· '포토스케이프 X' 프로그램을 실행한 다음 [오려내기] 탭을 클릭합니다. [예제파일]-[17강] 폴더에서 [귀여운아이.jpg]를 선택한 후 [여기에 사진을 끌어놓으세요.]로 드래그합니다.

2 ···· [자동 지우개]를 클릭하고 투명으로 처리할 부분을 클릭합니다.

조금 더
배우기

- [자동 지우개]는 클릭한 지점을 기준으로 인접한 색상을 선택하여 투명으로 처리합니다. 클릭한 지점에 따라서 투명으로 처리되는 영역이 달라질 수 있습니다.
- [인접]이 [체크](☑)된 상태에서 클릭하면 인접한(이어진) 부분만 선택 영역으로 지정되어 투명 처리됩니다.

3 ····· '허용치' 입력란에 '80'을 입력합니다.

 [허용치] 값을 올리면 투명으로 처리되는 색의 허용 범위가 넓어집니다. 반대로 값을 내리면 투명으로 처리되는 색의 허용 범위가 좁아집니다.

4 ····· [브러시]를 클릭한 후 [지우기]( )를 클릭하여 오른쪽에 남아 있는 배경을 드래그해 문질러 줍니다.

5 ····· [자동 지우개]를 클릭하고 아래 그림처럼 왼쪽 모서리 배경 부분을 클릭합니다.

6 ····· [올가미]를 클릭하고 [지우기]( )를 클릭한 후 남아 있는 배경 부분을 아래 그림처럼 드래그합니다.

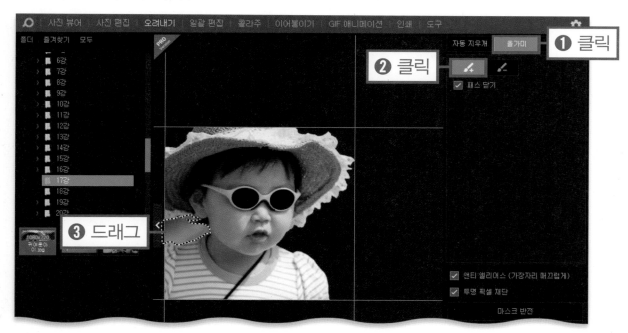

• [올가미]는 자유롭게 드래그하여 원하는 모양으로 투명 처리됩니다. [올가미]로 드래그할 때 시작 지점과 끝 지점을 연결해 줍니다.
• [패스 닫기]를 체크 해제하면 여러 번 드래그하여 선택할 수 있습니다.

7 ..... 투명으로 처리된 영역을 자세히 확인하기 위해 [불투명 파란색]을 클릭합니다. 투명으로 처리된 영역이 불투명 파란색으로 변경되는 것을 확인할 수 있습니다. [저장]을 클릭하여 '귀여운아이.png' 파일로 저장합니다.

조금 더 배우기

• **마스크 반전 이용하기**
   [마스크 반전]을 클릭하면 투명으로 처리된 부분과 투명으로 처리되지 않은 부분이 뒤바뀌게 됩니다.

• **이미지에서 배경을 제거하는 사이트**
   리무브비지(https://www.remove.bg/)

혼자서도 만들 수 있어요!

1 [예제파일]–[17강] 폴더에서 [새.jpg]를 불러온 후 배경을 투명하게 처리해 보세요.

 >>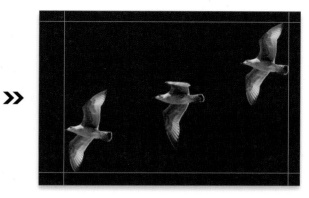

HINT [오려내기] 탭을 클릭 → [17강] 폴더에서 [새.jpg]를 [여기에 사진을 끌어 놓으세요.]로 드래그 → [자동 지우개]를 클릭 → 파란색 배경을 클릭

2 [예제파일]–[17강] 폴더에서 [선인장.jpg]를 불러온 후 배경을 투명하게 처리해 보세요.

HINT [오려내기] 탭을 클릭 → [17강] 폴더에서 [선인장.jpg]를 [여기에 사진을 끌어 놓으세요.]로 드래그 → [자동 지우개]를 클릭 → '허용치' 입력란에 '70'을 입력 → [인접]에 체크 해제한 후 파란색 배경을 클릭

유튜브 섬네일 만들기 2
완성하기

POINT

단색 칠하기, 여백 넣기 등 다양한 기능을 사용하여
유튜브 섬네일을 만들어 보도록 하겠습니다.

완성 화면
미리 보기

여기서
배워요! 단색 칠하기, 여백 넣기, 텍스트 변형하기

STEP 1 유튜브 섬네일 만들기

1 ······ '포토스케이프 X' 프로그램을 실행한 후 [사진 편집] 탭을 클릭합니다. [예제 파일]–[18강] 폴더에서 [터키.jpg]를 선택합니다. [편집] 탭을 클릭한 후 메뉴 에서 [조정]–[단색 칠]을 차례대로 클릭합니다.

 유튜브 섬네일 권장 사이즈는 '1280*720'입니다.

2 ······ '단색 칠' 대화상자가 나타나면 [단일색상](⬜)을 [#ffffffff]로 선택합니 다. '혼합 모드'의 [목록](⬛)을 클릭하고 [표준]을 클릭합니다. [적용]을 클 릭합니다.

 흰색은 색상 코드값이 '#ffffffff'이고 검은색은 '#ff000000'입니다.

3 ⋯⋯ [변형]을 클릭한 후 [여백/둥근 모퉁이]를 클릭합니다.

4 ⋯⋯ '여백/둥근 모퉁이' 대화상자가 나타나면 [안쪽 여백]을 클릭하여 [체크](☑)한 후 '여백 (%)'에 '7'을 입력하고 '배경'의 [단일색상](▭)을 [#ffff9900]으로 선택합니다. [적용]을 클릭한 후 [삽입] 탭을 클릭합니다.

5 ..... [이미지]를 클릭한 후 '열기' 대화상자가 나타나면 [18강] 폴더에서 [귀여운 아이.png]를 클릭하고 [열기]를 클릭합니다.

6 ..... 이미지가 나타나면 [조절점](◉)을 드래그하여 뒤쪽에 있는 사진의 세로 크기 만큼 키웁니다. 아래 그림처럼 추가된 이미지를 왼쪽으로 드래그하여 배치합 니다.

7 ..... [텍스트]를 클릭한 후 '텍스트' 대화상자가 나타나면 '현지인이 알려주는'을 입력하고 마음에 드는 [글꼴]과 [글자 크기]를 선택합니다. [글자 단일색상]([   ])을 [#ffcc0d0d]로 선택하고 [외곽선]을 클릭하여 [체크](✔)합니다. [외곽선 단일색상]([   ])을 [#ff000000]으로 선택합니다.

8 ..... [그림자 효과]를 클릭하여 [체크](✔)한 후 [그림자 단일색상]([   ])을 [#ff000000]으로 선택합니다.

9 …… [변형]을 클릭하여 [체크]( )한 후 [변형...]을 클릭합니다.

10 …… '변형' 대화상자가 나타나면 왼쪽에 있는 변형 모양 중에서 [사다리꼴]( ) 모양을 클릭합니다. [확인]을 클릭합니다.

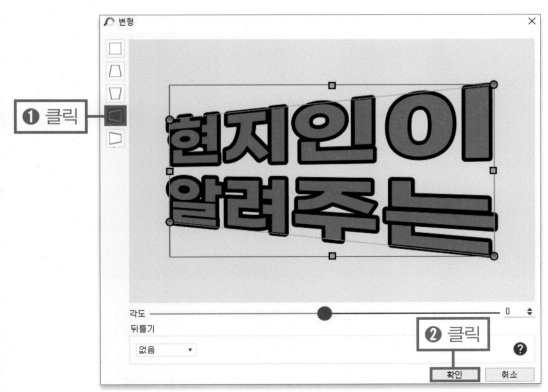

11 [회전]()을 오른쪽으로 드래그한 후 아래 그림처럼 드래그하여 배치합니다.

❶ 드래그

❷ 위치 이동

12 [텍스트]를 클릭한 후 '텍스트' 대화상자가 나타나면 '터키여행 꿀팁정보'를 입력합니다. [글자 크기]를 선택하고 [글자 단일색상]( )을 [#ffff9900]으로 선택합니다.

❶ 클릭

❷ 입력

❸ 선택

❹ 선택

13 ....아래 그림처럼 드래그하여 배치합니다.

위치 이동

14 ....[저장]을 클릭하여 대화상자가 나타나면 [아니오]를 클릭한 후 '유튜브 섬네일 만들기.psxprj' 파일과 '유튜브 섬네일 만들기.jpg' 파일로 각각 저장합니다.

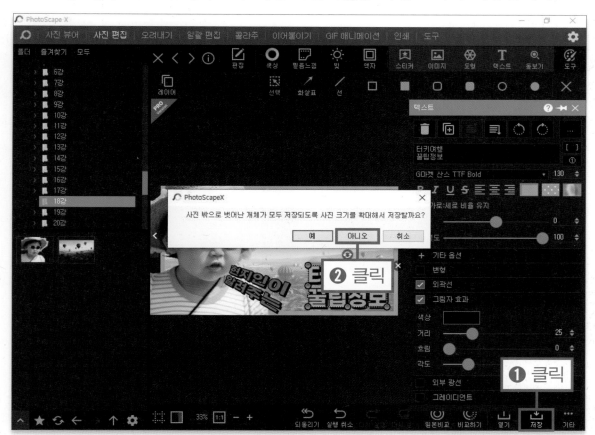

조금 더 배우기

개체가 사진 밖으로 벗어나면 위와 같은 메시지 창이 나타납니다. '예'를 클릭하면 벗어난 개체까지 저장이 되고 '아니오'를 클릭하면 벗어난 개체는 잘려서 저장이 됩니다.

CHAPTER 19

콜라주와 사진 이어붙이기

POINT

여러 사진을 한 장으로 만드는 콜라주와

이어붙이기 기능을 알아보도록 하겠습니다.

완성 화면
미리 보기

비글

슈나우저

시베리안 허스키

포메라니안

여기서
배워요!   콜라주, 이어붙이기

카드 뉴스 만들기

1 ····· '포토스케이프 X' 프로그램을 실행한 다음 상단 메뉴에서 [콜라주]를 클릭합니다. 오른쪽 옵션 창에서 [④]를 클릭한 후 아래 그림과 같은 틀을 선택합니다.

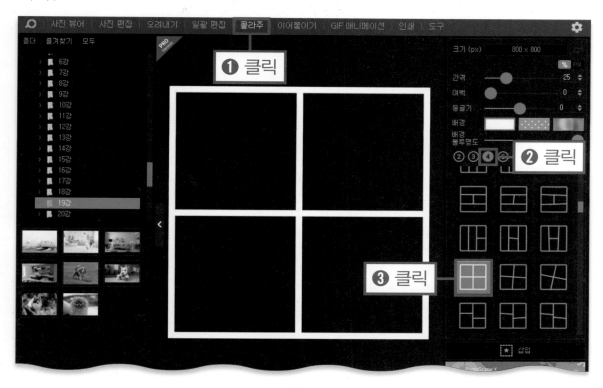

2 ····· [예제파일]-[19강] 폴더에서 [가구1.jpg]를 선택하여 첫 번째 칸으로 드래그합니다.

3 ⋯⋯ 같은 방법으로 [가구2.jpg]는 두 번째 칸, [가구3.jpg]는 세 번째 칸, [가구 4.jpg]는 네 번째 칸에 드래그하여 삽입합니다.

각각 드래그

4 ⋯⋯ 세 번째 칸에 있는 사진을 클릭합니다. 하단에 메뉴가 나타나면 [밝게](◉)를 클릭하고 [슬라이더]를 맨 위쪽으로 드래그합니다.

❶ 클릭
❸ 드래그
❷ 클릭

5 ..... 오른쪽에 있는 '크기 (px)'의 [800 × 800]을 클릭한 후 '가로 폭 (px)'와 '세로 높이 (px)'를 각각 '900'으로 입력하고 [확인]을 클릭합니다.

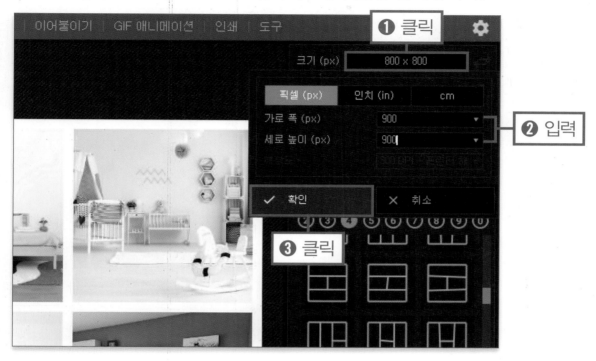

6 ..... '간격' 입력란에 '0'을 입력한 후 [삽입]─[도형]을 차례대로 클릭합니다.

7 ····· '도형' 대화상자가 나타나면 [채워져 있는 사각형]을 클릭합니다.

8 ····· 도형이 나타나면 [조절점]()을 드래그하여 그림과 같이 크기를 조절합니다.

9 ····· 다시 한 번 [삽입]을 클릭한 후 [도형]을 클릭합니다.

10 ·····'도형' 대화상자가 나타나면 [비어 있는 사각형]을 클릭합니다.

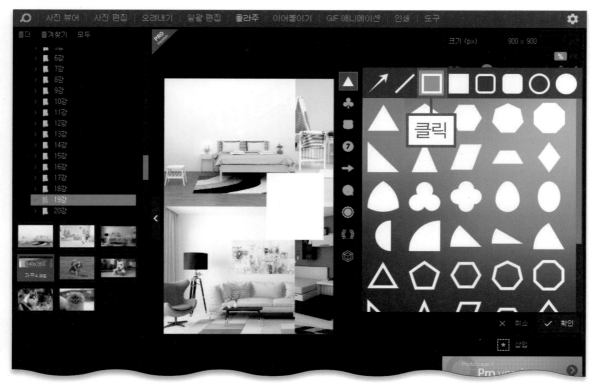

11 도형이 나타나면 [조절점](🔘)을 드래그하여 그림과 같이 크기를 조절한 후 '불투명도' 입력란에 '70'을 입력합니다.

12 [삽입]을 클릭한 후 [텍스트]를 클릭합니다.

13_{......} '텍스트' 대화상자가 나타나면 '20%'를 입력하고 마음에 드는 [글꼴]과 [글자 크기]를 선택합니다. [글자 단일색상]([ ])을 [#ffff0000]으로 선택하고 [기타 옵션]을 클릭한 후 '글자 간격'을 적절하게 입력합니다.

14_{......} 텍스트가 선택되어 있는 상태에서 [복제하기]([ ])를 클릭한 후 'SALE'을 입력 하고 [글자 크기]를 선택합니다. [글자 단일색상]([ ])을 [#ff7a7a7a]로 선 택하고 [기타 옵션]에서 '글자 간격'을 적절하게 입력합니다. 아래 그림처럼 배 치한 다음 [저장]을 클릭하여 '카드뉴스.jpg'로 저장합니다.

1 ...... [이어붙이기] 탭을 클릭합니다. [19강] 폴더에서 [강아지1.jpg]를 클릭한 후 Shift 를 누른 채 [강아지4.jpg]를 클릭하여 [여기에 사진을 끌어 놓으세요.]로 드래그합니다.

2 ...... [바둑판]을 클릭한 후 '크기'는 '400' × '400', '여백 (px)'를 '30', '간격 (px)'는 '25', '둥글기 (%)'는 '10'으로 설정합니다.

3 ...... [파일 이름 (px)]를 클릭하여 [체크](✔)한 후 마음에 드는 [글꼴]과 [글자 크기]를 선택합니다.

4 ...... 첫 번째 사진을 클릭하고 파일 이름을 '비글'이라고 입력합니다.

5 ····· 같은 방법으로 두 번째 사진은 '슈나우저', 세 번째 사진은 '시베리안 허스키', 네 번째 사진은 '포메라니안'이라고 입력합니다.

6 ····· 네 번째 사진을 클릭한 후 마우스 오른쪽 버튼을 누릅니다. 메뉴에서 [밝게]를 클릭합니다. [저장]을 클릭한 후 '강아지 종류.jpg'로 저장합니다.

움직이는 애니메이션 만들기

GIF 애니메이션을 이용하여 움직이는
캠페인 배너를 만들어 보도록 하겠습니다.

완성 화면
미리 보기

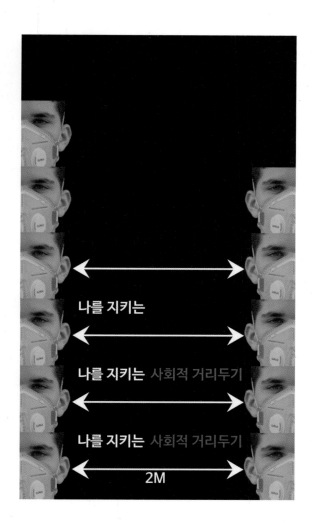

여기서
배워요! GIF 애니메이션 만들기

STEP 1 **애니메이션에 사용할 이미지 만들기**

1 ····· '포토스케이프 X' 프로그램을 실행한 후 [사진 편집] 탭을 클릭합니다. [새로 만들기]를 클릭한 다음 '가로 폭 (px)', '세로 높이 (px)' 입력란에 각각 '800', '200'을 입력합니다. '배경'의 [단일색상]( )을 [#ff000000]으로 선택한 후 [배경 불투명도 슬라이더]가 오른쪽 끝에 배치되어 있는지 확인하고 [확인]을 클릭합니다.

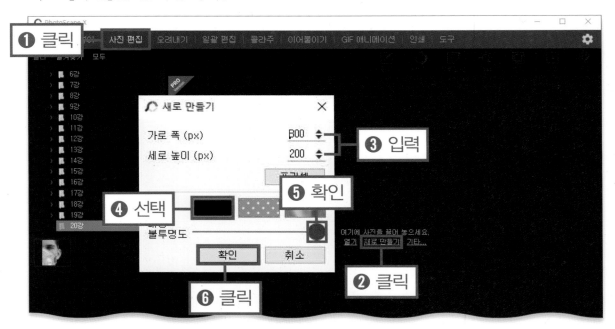

2 ····· [저장]을 클릭한 후 '저장' 대화상자가 나타나면 [다른 이름으로 저장]을 클릭합니다.

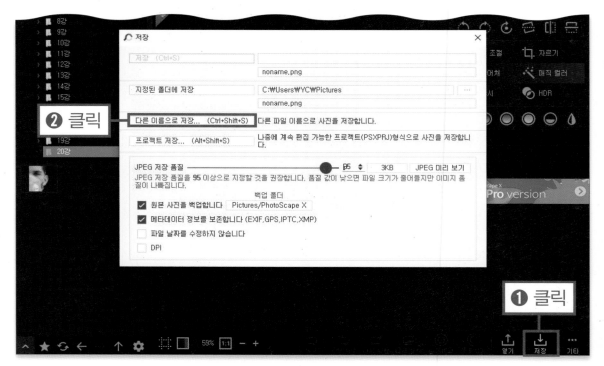

3 ...... '다른 이름으로 저장' 대화상자가 나타나면 저장 위치를 선택하고 '파일 이름'을 '캠페인배너1.png'로 입력한 후 [저장]을 클릭합니다. [삽입] 탭을 클릭합니다.

4 ...... [이미지]를 클릭한 후 '열기' 대화상자가 나타나면 [예제파일]–[20강] 폴더에서 [마스크.png]를 클릭하고 [열기]를 클릭합니다.

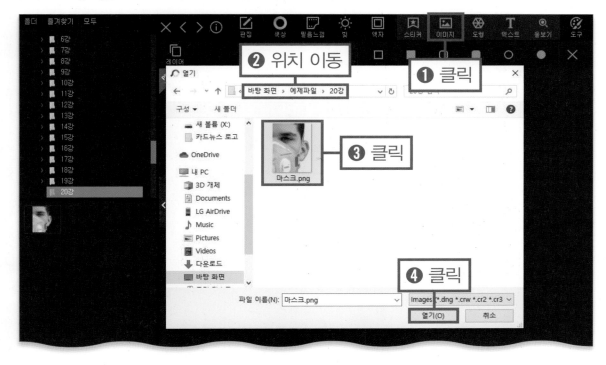

5 …… 이미지가 나타나면 [조절점](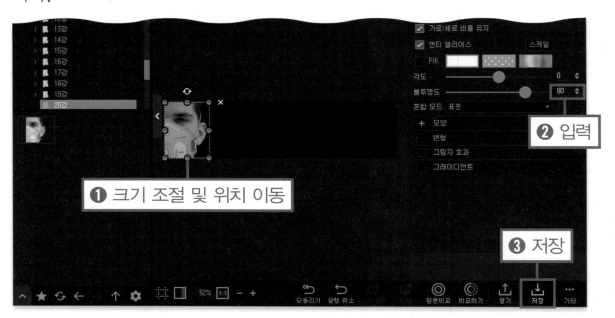)을 드래그하여 그림처럼 크기를 조절하고 왼쪽으로 드래그하여 배치합니다. '이미지' 대화상자에서 '불투명도' 입력란에 '80'을 입력합니다. [저장]을 클릭한 후 '캠페인배너2.png' 파일로 저장합니다.

6 …… '이미지' 대화상자에서 [복제하기](□)를 클릭한 후 오른쪽으로 드래그하여 그림처럼 배치합니다. [메뉴](■)를 클릭한 후 [회전]-[좌우 뒤집기]를 차례대로 클릭합니다. [저장]을 클릭한 후 '캠페인배너3.png' 파일로 저장합니다.

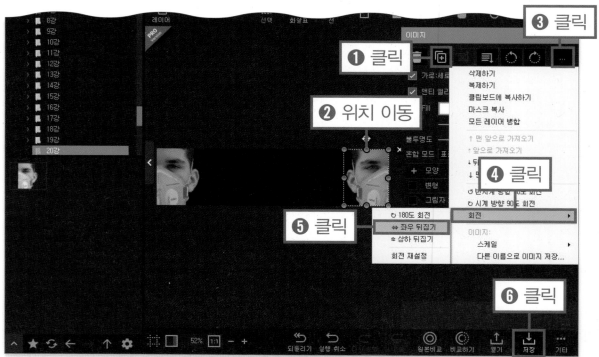

7 ····· [선]을 클릭한 후 '선' 대화상자가 나타나면 '두께' 입력란에 '25'를 입력하고 그림처럼 드래그합니다.

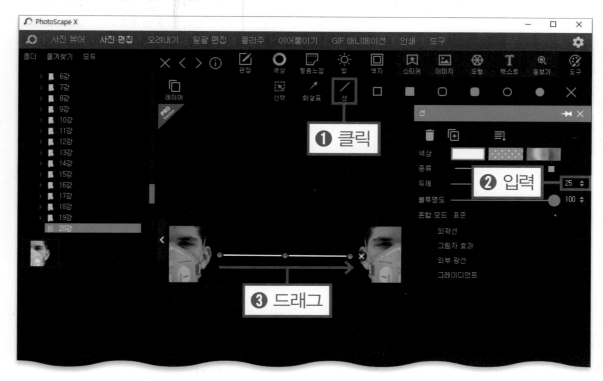

8 ····· [도형]을 클릭한 후 '도형' 대화상자가 나타나면 [화살표](➡)를 클릭하고 그림과 같은 도형을 클릭합니다. [확인]을 클릭합니다.

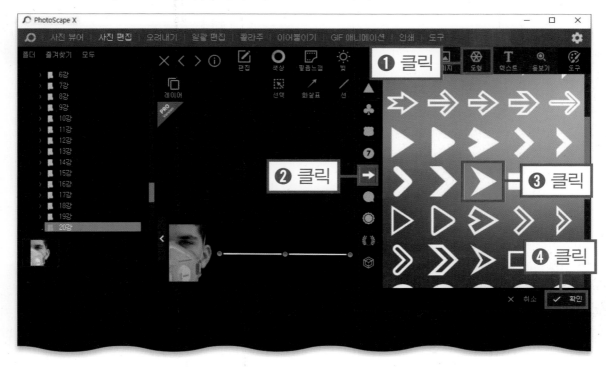

9 ····· 화살표가 나타나면 오른쪽으로 드래그하여 그림처럼 배치합니다.

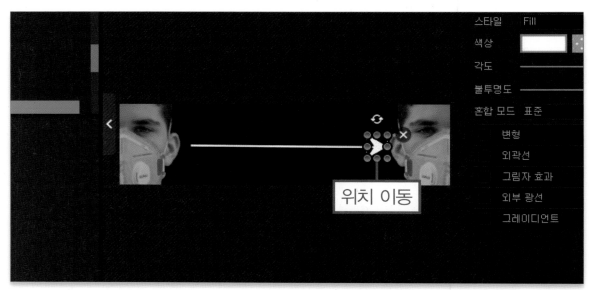

10 ·····'도형' 대화상자에서 [복제하기](🔁)를 클릭한 후 왼쪽으로 드래그하여 그림처럼 배치합니다. [메뉴](⬛)를 클릭한 후 [회전]-[좌우 뒤집기]를 차례대로 클릭합니다. [저장]을 클릭한 후 '캠페인배너4.png' 파일로 저장합니다.

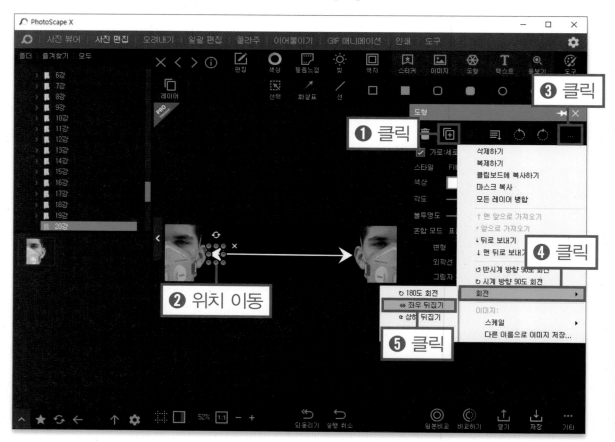

11 ┄┄┄ [텍스트]를 클릭한 후 '텍스트' 대화상자가 나타나면 '나를 지키는'을 입력하고 마음에 드는 [글꼴]과 [글자 크기]를 선택합니다. [진하게](**B**)를 클릭한 후 아래 그림처럼 배치합니다. [저장]을 클릭한 후 '캠페인배너5.png' 파일로 저장합니다.

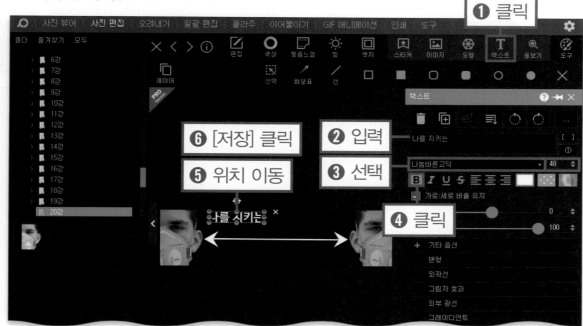

12 ┄┄┄ '나를 지키는' 텍스트가 선택되어 있는 상태에서 [복제하기](🔲)를 클릭한 후 '사회적 거리두기'를 입력하고 [글자 단일색상](⬜)을 [#ff1a9a67]로 선택합니다. 그림처럼 배치하고 [저장]을 클릭한 후 '캠페인배너6.png' 파일로 저장합니다.

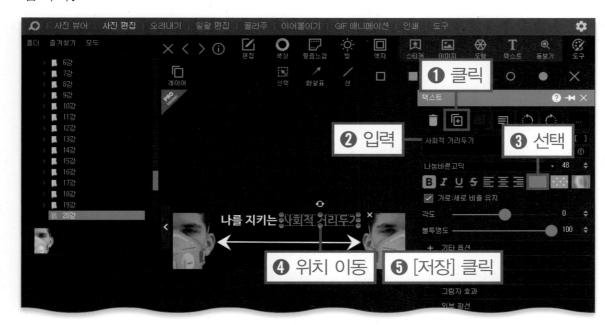

13 ‥‥‥ '나를 지키는' 텍스트를 클릭한 후 [복제하기](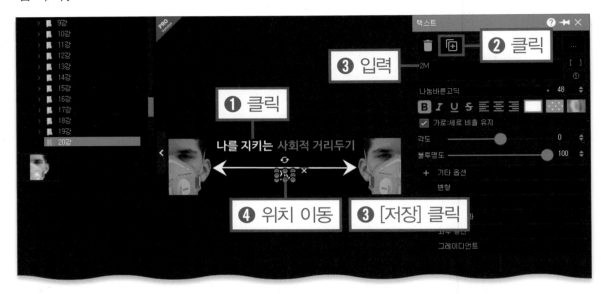)를 클릭하고 '2M'를 입력합니다. 그림처럼 배치하고 [저장]을 클릭한 후 '캠페인배너7.png' 파일로 저장합니다.

STEP 2 움직이는 애니메이션 만들기

1 ‥‥‥ [GIF 애니메이션] 탭을 클릭한 후 앞에서 저장한 [캠페인배너1.png] 파일부터 [캠페인배너7.png] 파일까지 모두 선택하여 [여기에 사진을 끌어 놓으세요.]로 드래그합니다.

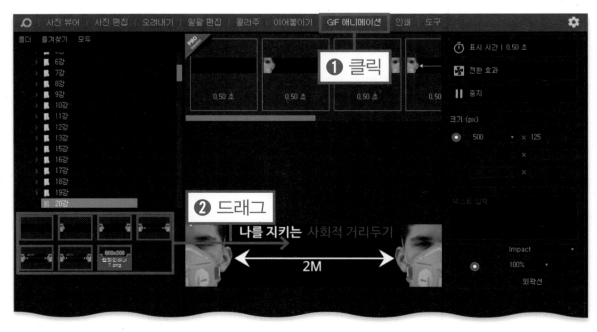

2 ...... 오른쪽 '옵션' 창에서 [표시 시간 | 0.50 초]를 클릭한 후 '표시 시간 (초)' 대화
상자가 나타나면 입력란에 '1'을 입력하고 [모든 프레임에 적용]을 클릭합니다.

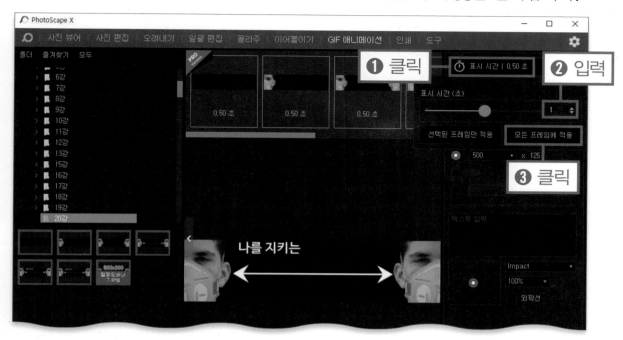

3 ...... [전환 효과]를 클릭한 후 '전환 효과' 대화상자가 나타나면 [디졸브]를 클릭하여
[체크](✓)하고 [모든 프레임에 적용]을 클릭합니다.

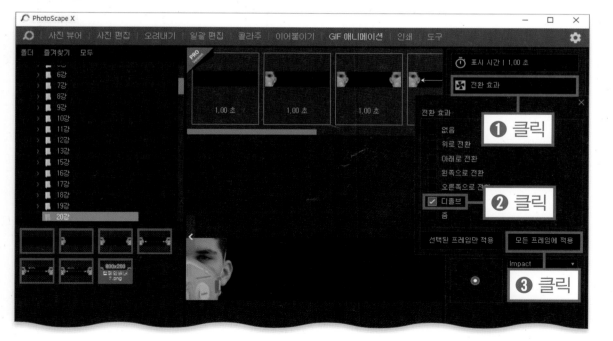

 디졸브란 이미지가 서서히 나타나고 사라지는 효과입니다.

4 ····· '크기 (px)'에서 세 번째 [선택](◉) 버튼을 클릭한 후 '800' × '200'을 각각 입력합니다. [저장]을 클릭하여 '캠페인배너 만들기.gif' 파일로 저장합니다.

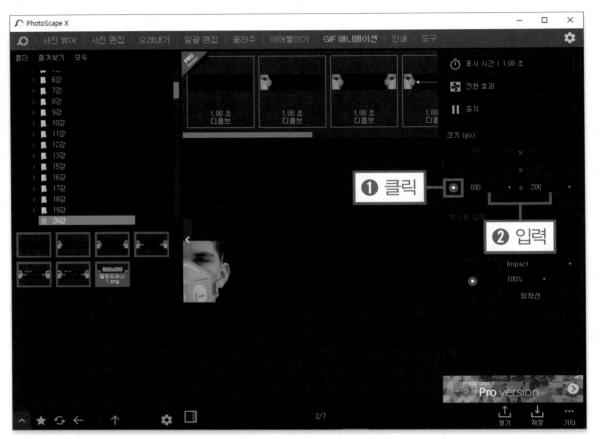

 조금 더 배우기 오른쪽 '옵션' 창에서 텍스트 입력란에 글자를 입력하면 애니메이션이 진행되는 동안에 고정적으로 표시됩니다.

쓱 하고 싹 배우는
포토스케이프 X

1판 1쇄 발행 2020년 11월 5일
1판 2쇄 발행 2023년 6월 3일

저   자 | 김성희
발행인 | 김길수
발행처 | ㈜영진닷컴
주   소 | 서울특별시 금천구 가산디지털1로 128 STXV타워 4층 401호
등   록 | 2007. 4. 27. 제16-4189호

ⓒ2020., 2023. ㈜영진닷컴

ISBN 978-89-314-6326-2

초보자들도 쉽게 따라 하는
'쓱 하고 싹 배우는' 시리즈

큰 그림과 큰 글씨로 누구나 쉽고 재미있게 배울 수 있는 '쓱싹' 시리즈!
책에 담긴 생활 속 예제를 따라 하다 보면
프로그램의 기본 기능을 손쉽게 익힐 수 있습니다.

쓱 하고 싹 배우는
한글 2014

안은진 저 | 152쪽 | 10,000원

쓱 하고 싹 배우는
스마트폰

김재연 저 | 152쪽 | 10,000원

쓱 하고 싹 배우는
윈도우 10&인터넷

송정아 저 | 152쪽 | 10,000원

쓱 하고 싹 배우는
파워디렉터 17

김영미 저 | 152쪽 | 10,000원

쓱 하고 싹 배우는
파워포인트 2013

최홍주 저 | 152쪽 | 10,000원

쓱 하고 싹 배우는
엑셀 2013

최옥주 저 | 152쪽 | 10,000원